AF455322

RECUEIL DE RAPPORTS

SUR

L'ÉTAT DES LETTRES ET LES PROGRÈS DES SCIENCES

EN FRANCE.

PARIS,

LIBRAIRIE DE L. HACHETTE ET CIE,

BOULEVARD SAINT-GERMAIN, N° 77.

RECUEIL DE RAPPORTS

SUR

L'ÉTAT DES LETTRES ET LES PROGRÈS DES SCIENCES EN FRANCE.

RAPPORT SUR LES PROGRÈS

DE

LA BOTANIQUE PHYTOGRAPHIQUE,

PAR

M. ADOLPHE BRONGNIART,

MEMBRE DE L'INSTITUT, PROFESSEUR DE BOTANIQUE AU MUSEUM D'HISTOIRE NATURELLE.

PUBLICATION FAITE SOUS LES AUSPICES

DU MINISTÈRE DE L'INSTRUCTION PUBLIQUE

PARIS.

IMPRIMÉ PAR AUTORISATION DE SON EXC. LE GARDE DES SCEAUX

A L'IMPRIMERIE IMPÉRIALE.

M DCCC LXVIII.

RAPPORT SUR LES PROGRÈS
DE LA BOTANIQUE.

PHYTOGRAPHIE.

Sous ce nom de *Phytographie* nous comprenons cette partie de la botanique qui n'a plus pour objet l'étude de l'organisation des végétaux et de leur mode d'existence, considérée d'une manière générale, mais l'examen de la structure propre à chaque végétal et des rapports que cette structure particulière établit entre eux; l'examen également de la répartition des diverses formes végétales à la surface de la terre, et enfin l'étude des végétaux qui ont habité notre planète dans les périodes géologiques précédentes.

On comprendra l'intérêt de cette partie de la botanique, si l'on considère que l'exploration de tant de parties de notre globe, à peine visitées avant le commencement de ce siècle, a porté le nombre des végétaux de 20,000 environ signalés au début du siècle à plus de 120,000 connus actuellement; que certaines familles exotiques ont vu le nombre de leurs espèces s'accroître dans la proportion de 1 à 20 et même plus; que des formes tout à fait nouvelles ont été découvertes; que l'étude de la végétation de chacune des régions du globe acquiert chaque jour plus d'importance par suite même des recherches plus étendues dont ces contrées ont été l'objet.

Pour apprécier ce vaste ensemble, il faut que les méthodes de classement, destinées à distinguer les formes diverses des végétaux et à les rapprocher suivant leurs affinités, se perfectionnent, acquièrent plus de précision et soient fondées sur une étude plus approfondie de chacune des parties de ces végétaux.

Pour bien juger des progrès que cette partie de la botanique a faits en France depuis vingt-cinq ans, et les pas qu'elle a fait faire à la science en général, nous devrons examiner les travaux qui se rapportent : 1° à la classification générale du règne végétal; 2° à l'étude monographique des divers groupes que la méthode naturelle y admet; 3° à la répartition des végétaux dans les diverses parties du globe et aux flores spéciales de ces diverses contrées; 4° à la paléontologie végétale.

CHAPITRE PREMIER.

CLASSIFICATIONS GÉNÉRALES.

Les travaux relatifs à la classification générale du règne végétal, si l'on comprend sous cette dénomination des systèmes nouveaux et plus ou moins artificiels de distribution de ce règne, tendent chaque jour à disparaître; la méthode naturelle, dans sa partie la plus essentielle, c'est-à-dire dans la formation des groupes qu'on désigne sous le nom d'*ordre* ou de *famille*, est devenue l'objet principal de la préoccupation des botanistes classificateurs; la série linéaire de ces familles entre elles, qui a préoccupé longtemps les naturalistes, est considérée comme bien moins digne de leurs études, parce qu'il est généralement reconnu qu'elle ne peut jamais représenter fidèlement les rapports des êtres organisés entre eux.

Quant aux grandes divisions du règne végétal comparables aux embranchements du règne animal, on peut dire que les savants ne diffèrent que sur les noms par lesquels ils les désignent, mais que ces divisions sont admises par tout le monde avec de bien légères restrictions.

Mais si les grandes coupes, Cryptogames et Phanérogames, Monocotylédones et Dicotylédones, sont acceptées généralement, et si la série linéaire des familles est considérée comme ne pouvant jamais représenter complétement les rapports qui existent entre les familles naturelles, doit-on pour cela les ranger dans des divisions établies artificiellement sur des caractères absolus et qui rompent souvent les rapports naturels, ou les distribuer presque au hasard sans être dirigé par aucun principe? Quelques auteurs ont cru le contraire et pensé qu'on pouvait associer entre elles les familles en groupes naturels d'un ordre plus élevé, de même qu'on réunissait les genres en tribus et en familles, et réduire ainsi les difficultés de la classification générale. Cette idée, émise d'abord par Robert Brown, en 1814[1], à l'occasion des Malvacées, a été appliquée d'une manière générale en 1830 par Bartling[2], qui a adopté, comme R. Brown, le nom de *classe* pour les associations d'ordres ou de familles naturelles, et qui a le premier établi ces groupes, avec une grande sagacité, dans l'ensemble du règne végétal. Lindley, en 1836, dans la seconde édition de son Système naturel de botanique, a suivi une marche analogue en donnant le nom d'*alliance* aux associations de familles. Vers la même époque (1836 à 1840), Endlicher adoptait un plan semblable dans son *Genera plantarum*, en donnant, comme R. Brown et Bartling, le nom de *classe* à la réunion de plusieurs ordres en un groupe naturel. C'est aussi le principe qui a dirigé le professeur de botanique du Muséum d'histoire naturelle de Paris, lorsqu'en 1843 il a dû replanter l'école de botanique de cet établissement; seulement il a souvent étendu ce principe d'association à des familles qui se trouvaient écartées dans la plupart des ouvrages précédents par l'admission de divisions qu'on pourrait appeler artificielles, établies surtout parmi les Dicotylédones. L'existence d'une classe naturelle lui paraît reposer sur l'idée d'un type particulier d'organisation auquel peuvent se rattacher les diverses familles réunies dans cette classe, dont les différences reposent sur les déviations résultant d'avortements, de soudures, de multiplications d'organes, qui ne supposent pas de changement fondamental dans l'organisation primitive de la plante.

C'est ainsi que des plantes apétales et polypétales, déjà réunies souvent dans une même famille, peuvent aussi appartenir à diverses familles d'une même classe naturelle et se trouveront ainsi rapprochées au lieu d'être placées aux deux extrémités de la division des Dicotylédones.

[1] *General remarks on the botany of Terra Australis*; London, 1814.

[2] *Ordines naturales plantarum eorumque characteres et affinitates*, auctore Fr. Th. Bartling; Göttingen, 1830.

La méthode ainsi adoptée pour l'école de botanique du Muséum a été publiée dans une énumération des genres qui y sont cultivés, et les principes qui ont dirigé l'auteur sont exposés dans l'introduction[1]; mais il reconnaît en même temps les causes qui rendent encore dans beaucoup de cas l'application de ces principes difficile et susceptible de bien des améliorations, à mesure que la connaissance des divers groupes du règne végétal deviendra plus complète et sera plus approfondie.

Aussi les 296 familles qui y sont réparties entre 68 classes sont-elles quelquefois signalées comme rapportées avec doute dans la classe qui les renferme, et la distribution de ces classes entre elles pourra, dans plusieurs cas, donner lieu à des opinions très-diverses et à des changements que le perfectionnement de la science indiquera.

Cette association des familles naturelles en classes naturelles n'a pas du reste été adoptée par tous les botanistes qui se sont occupés de la méthode naturelle, et plusieurs ont tenté cette série linéaire continue, qui aurait pour but d'indiquer des transitions graduelles entre les familles naturelles. Adrien de Jussieu, dans son excellent article *Taxonomie*[2], après avoir rappelé les principaux systèmes de botanique et la marche de la méthode naturelle, a présenté en effet une série des familles disposée dans l'ordre qui lui paraît le plus naturel. Il n'y admet l'association par classes que dans des cas très-rares, où elle lui a paru plus évidente, et il ne s'est pas éloigné, quant aux Diclines et aux Apétales, des principes du *Genera* de 1789. Il adopte cependant l'idée de la supériorité des Monopétales sur les Polypétales et termine la série par les Composées, en suivant un ordre général très-différent de celui du *Genera plantarum;* enfin dans les Monocotylédones, les caractères de division sont essentiel-

[1] *Énumération des genres de plantes cultivées au Muséum d'histoire naturelle de Paris, suivant l'ordre établi dans l'école de botanique en 1843,* par M. Ad. Brongniart; Paris, 1843; — deuxième édition, 1850.

[2] *Dictionnaire universel d'histoire naturelle,* t. XII, p. 368; 1848.

lement tirés de la constitution de la graine et non de l'insertion des étamines, principe également admis dans la série de l'école de botanique du Muséum en 1843.

En 1865, M. Baillon a publié le classement de l'école botanique de la faculté de médecine de Paris[1]. Il n'a indiqué que les trois grandes divisions fondamentales : Acotylédones, Monocotylédones et Dicotylédones, sous lesquelles sont inscrites 205 familles cultivées dans ce jardin; quelques-uns des caractères distinctifs de ces familles et de leurs propriétés médicinales sont signalés pour chacune d'elles, ainsi que les noms des principales espèces employées en médecine. Les familles apétales et diclines sont en partie distribuées parmi les polypétales et en partie classées à la fin de la série. Mais aucune division secondaire n'étant indiquée dans le vaste groupe des Dicotylédones, on ne peut pas apprécier les principes généraux qui ont dirigé l'auteur de ce travail, qui paraît surtout destiné à faciliter l'étude des élèves dans le jardin de la faculté de médecine.

Il est un grand ouvrage, dont la publication s'est poursuivie depuis 1824 jusqu'à ce jour, que nous ne pouvons pas considérer comme étranger aux progrès de la botanique en France : c'est le *Prodromus systematis naturalis regni vegetabilis*, dont le premier auteur, Aug. Pyrame de Candolle, fut si longtemps Français, et auquel sa publication à Paris avec des collaborateurs français, anglais, suisses et allemands donne un caractère cosmopolite.

Il y a vingt-cinq ans, peu d'années après la publication du tome VII, la mort d'Aug. Pyr. de Candolle pouvait faire craindre l'interruption de cette vaste et longue publication; mais son fils, Alphonse de Candolle, qui avait déjà donné des preuves de son talent d'observation et de son esprit judicieux dans sa monographie des Campanulacées et dans sa coopération au VIIe volume du Prodrome, résolut de poursuivre l'entreprise de son illustre père;

[1] *Adansonia*, V, p. 241.

seulement, le fardeau devenant chaque jour plus lourd, par suite de l'accroissement rapide du nombre des plantes connues et de la nécessité de les soumettre à une étude plus approfondie, il jugea nécessaire de réclamer le concours des botanistes les plus habiles pour traiter monographiquement les principales familles qu'il ne pourrait pas étudier lui-même.

C'est ainsi que les botanistes les plus distingués de l'Europe sont venus coopérer à cette grande œuvre et que, de 1844 à 1866, les volumes VIII à XIV ont pu être publiés.

Nous y retrouvons quelques familles dont le travail monographique avait déjà été préparé par de Candolle père; ce sont les Loganiacées, les Bignoniacées, les Borraginées.

Les Myrsinées, les Sapotées, les Apocynées, les Myristicées, les Santalacées, les Bégoniacées, les Papayacées et les Cupulifères, pour ne citer que les familles les plus importantes, furent traitées par M. Alphonse de Candolle lui-même. Son fils, M. Casimir de Candolle, a commencé, dans le dernier volume, à s'associer aux travaux de son père et de son grand-père, par la rédaction d'une monographie des Juglandacées. Les botanistes génevois ont concouru à ce grand ouvrage : M. Duby, par la rédaction des Primulacées; M. Choisy, par celle des Convolvulacées; M. Boissier, par la monographie des 700 espèces du genre Euphorbe; M. Meisner, de Bâle, a traité des familles des Polygonacées, des Protéacées, des Thymélées et des Lauracées; M. Mueller, d'Argovie, vient de publier un énorme volume consacré aux Euphorbiacées autres que le genre *Euphorbia.* L'Allemagne a participé également à cette vaste publication : Nees von Esenbeck a rédigé les Acanthacées; Schauer, les Verbénacées; Grisebach, les Gentianées; Schlechtendal, les Éléagnées. En Angleterre, M. Bentham a donné un concours très-efficace au Prodrome par ses grands travaux sur les Labiées, les Scrophularinées et les Polémoniacées.

Mais la France a pris aussi une grande part à cette longue publication : M. Decaisne a traité la difficile famille des Asclépiadées et celle des Plantaginées, dont le genre *Plantago* seul comprend plus de 200 espèces; Dunal, le vaste groupe des Solanacées; Moquin-Tandon, les Salsolacées, les Amarantacées, les Basellacées, les Phytolaccées; M. Duchartre, la famille des Aristolochiées et particulièrement le grand genre *Aristolochia* avec ses 170 espèces.

Ces huit volumes, résultat des travaux communs des botanistes les plus savants de l'Europe, comprennent la sous-classe des Corolliflores et la plus grande partie des Monochlamydées de la classification d'A. P. de Candolle; il ne reste que les dernières familles de cette sous-classe à publier pour compléter la grande division des Dicotylédones. Cette longue énumération des plantes d'une division qui forme plus des deux tiers du règne végétal aura exigé plus de quarante ans d'études et de travaux consciencieux. Toujours cette publication a été en se perfectionnant, et si l'on compare les derniers volumes aux premiers, on est frappé, non-seulement du nombre croissant des espèces que les explorations de tant de points du globe nouvellement visités nous ont fait connaître, mais surtout de l'étude chaque jour plus approfondie qu'on doit faire de leur structure pour bien fixer leurs rapports et leurs différences. Cet ouvrage est le plus grand monument élevé à la Phytographie.

Il est un autre ouvrage, publié de 1834 à 1848, qui, dans son ensemble et au point de vue purement scientifique, ne peut pas sans doute être comparé au *Prodromus regni vegetabilis*, mais qui cependant mérite de fixer l'attention : c'est l'*Histoire des végétaux phanérogames*, par M. Éd. Spach[1]. Cet ouvrage, qui n'a pas eu pour but d'énumérer toutes les espèces du règne végétal, a cherché à présenter un tableau exact des végétaux les plus intéressants, soit par leur utilité, soit par leur fréquence dans nos jardins comme plantes d'ornement, soit enfin par leur existence dans nos cam-

[1] *Histoire naturelle des végétaux phanérogames*, par M. Éd. SPACH, aide-naturaliste au Muséum d'histoire naturelle; Paris, Roret, 1834-1848, quatorze volumes in-8° et atlas de cent cinquante-deux planches.

pagnes. Pour beaucoup de familles et de genres, c'est un travail qui ne vise pas à offrir du nouveau, mais seulement un résumé de ce qui est connu, fait par un botaniste plein d'expérience; cependant, à côté de ces parties, qui n'offrent de propre à l'auteur que le choix bien dirigé des matériaux et une réunion très-intéressante de documents sur les plantes utiles, il y a des groupes de végétaux dont M. Spach a fait sur la nature une étude toute particulière et qui doivent fixer l'attention du savant : telles sont plusieurs familles d'arbres forestiers ou d'agrément, les Rosacées, les Acérinées, les Hippocastanées, les Amentacées et certains groupes de plantes récemment cultivées en grand nombre dans nos parterres, telles que les Œnothérées, les Cistinées, etc. Il y a dans ces parties des observations nouvelles et des divisions bien établies, qui ont été adoptées depuis dans la plupart des ouvrages plus récents; sa rédaction en français et un atlas de 152 planches rendent l'étude de beaucoup de familles plus facile à un grand nombre de lecteurs.

Malgré sa publication toute récente, depuis la rédaction de ce rapport, nous ne pouvons passer sous silence un des ouvrages les plus importants par la masse des faits précieux pour l'étude de la botanique qu'il renferme et par la méthode avec laquelle ils sont présentés : c'est le *Traité général de botanique descriptive et analytique* de MM. Le Maout et Decaisne[1]. Déjà, en 1846, M. Le Maout, avec le concours de MM. Decaisne et Steinheil, avait publié un atlas élémentaire de botanique, qui, par la clarté du texte et la perfection des nombreuses figures qu'il renfermait, pouvait rendre de grands services à tous ceux qui voulaient étudier la botanique. Le nouvel ouvrage se présente avec un plan bien plus vaste. Au lieu de se borner aux plantes françaises, M. Decaisne l'a

[1] *Traité général de botanique descriptive et analytique.* 1re partie : *Abrégé d'organographie, d'anatomie et de physiologie.* 2e partie : *Iconographie, description et histoire des familles;* par MM. Ém. Le Maout et J. Decaisne; ouvrage contenant 5,500 figures dessinées par MM. L. Steinheil et A. Riocreux; Paris, Didot, 1868.

enrichi des nombreuses analyses de plantes appartenant à des familles exotiques dessinées par lui sur la nature, qu'il réunissait depuis trente ans; aussi, comme iconographie analytique de l'ensemble des familles naturelles, nous ne connaissons aucun ouvrage, ni en France, ni à l'étranger, qui puisse lui être comparé; les descriptions des familles et les annotations qui les accompagnent complètent l'histoire de chacune d'elles et permettent ainsi de passer le règne végétal tout entier en revue, depuis la plante la plus parfaite jusqu'à la Cryptogame la plus incomplète, sans parler de la première partie de l'ouvrage qui présente un tableau général de l'organisation et de la vie des végétaux, formant ainsi l'introduction à l'étude spéciale des familles naturelles.

Tels sont les principaux travaux relatifs à la classification générale du règne végétal et à l'étude de son ensemble qui ont été publiés en France depuis quelques années.

Mais nous devons signaler ici quels sont les changements qui se sont opérés dans la manière d'étudier et de décrire les végétaux dans les ouvrages essentiellement destinés à nous faire connaître soit l'ensemble, soit des parties plus ou moins étendues du règne végétal.

La description des plantes a nécessairement suivi les progrès de l'étude de l'organographie et de l'anatomie végétale; elle ne les a suivis souvent qu'avec quelque retard et en se pliant difficilement aux études plus minutieuses qui devenaient nécessaires pour bien faire connaître et par suite pour distinguer ou rapprocher les diverses plantes.

Si nous nous reportons d'un siècle ou même seulement de soixante ans en arrière, nous verrons combien la description des plantes était alors superficielle et incomplète; la structure du pistil et celle du fruit sont surtout mal comprises ou à peine indiquées. Les études de L. C. Richard sur le fruit, les idées si philosophiques de de Candolle sur les soudures et les avortements, celles de Dunal sur la multiplication des organes, les observations si précises de

R. Brown sur la préfloraison et l'organisation de l'ovaire, introduisirent peu à peu des notions plus exactes sur la constitution de la fleur et du fruit qui servait de base à la définition des familles et des genres. Il suffit, pour s'en convaincre, de comparer la rédaction des caractères des familles dans le *Genera plantarum* de 1789, et dans le *Genera* publié par Endlicher, de 1836 à 1840.

Si nous examinons maintenant quelles sont les parties de l'organisation des végétaux dont l'étude plus approfondie a surtout contribué, depuis 1840, au perfectionnement de la classification générale, en établissant d'une manière plus certaine les rapports des végétaux entre eux, nous verrons que, d'une part, l'étude de la structure de l'ovule et de ses rapports avec l'ovaire qui le renferme, d'autre part, l'examen du mode d'évolution des diverses parties de la fleur ou l'organogénie florale, ont surtout contribué à cette amélioration de la méthode naturelle.

Avant l'époque (1825) où R. Brown signalait la vraie structure de l'ovule végétal et avant les études étendues et comparatives de Mirbel (1829), on se bornait dans la description de l'ovaire des végétaux à indiquer le nombre et quelquefois la direction de ces parties du pistil. On peut s'en convaincre en consultant l'excellent exposé des familles publié par Bartling en 1830. Depuis cette époque, mais surtout depuis 1840, la constitution de l'ovule, ses rapports avec le placenta, sont devenus des caractères de première importance et sont signalés avec soin dans tous les ouvrages généraux et étudiés d'une manière spéciale dans les monographies bien faites.

Il en est de même de l'organogénie.

Depuis une trentaine d'années, les recherches organogéniques, surtout celles qui sont relatives à la fleur, ont pris une véritable importance dans l'étude de la structure des végétaux appartenant à diverses familles naturelles, et permettent souvent de mieux apprécier les caractères que fournit l'examen de la fleur adulte.

En France, c'est à MM. Guillard de Lyon qu'on doit les premières recherches publiées sur ce sujet : elles datent de 1835. Mais ce n'est que quelques années plus tard qu'elles ont acquis une véritable importance par leur application à l'étude comparative de divers groupes du règne végétal. De 1841 à 1848, M. Duchartre poursuivait des recherches de cette nature sur diverses familles, telles que les Dipsacées, les Œnothérées, les Primulacées, les Malvacées, les Nyctaginées, etc.

M. Barnéoud, en 1846, dirigeait ses études sur les familles à fleurs irrégulières, et il étudiait avec soin le développement des enveloppes florales dans un grand nombre de familles présentant ce caractère, en étendant souvent aussi ses recherches aux étamines et aux pistils.

M. Payer, en 1849, présentait à l'Académie des sciences des études sur l'origine et le mode de développement des fleurs dans 37 familles, travail qui ne fut pas publié alors, mais qui contenait sans doute les principaux matériaux des mémoires dont il a commencé la publication en 1851 par ses recherches sur les Polygalées, et qu'il a poursuivi pendant les années suivantes dans une succession de mémoires, et, enfin, dans son ouvrage général sur l'organogénie florale, publié en 1857. De tous ces matériaux et de ceux qui ont été ajoutés depuis par la plupart des monographes, qui ont presque toujours cherché à éclairer leur sujet par des recherches organogéniques, il résulte une connaissance plus approfondie de certains points de l'organisation de la fleur et du fruit, et des moyens de comparaison plus précis.

L'organogénie de la fleur est sans doute un élément important pour la détermination de la nature des organes qui constituent cette partie importante du végétal; mais ce n'est pas le seul : il a besoin d'être confirmé par l'anatomie des organes adultes et par l'étude des anomalies de ces organes, et l'on ne doit en tirer des conséquences générales qu'avec beaucoup de prudence.

Jusqu'à présent les parties du végétal autres que les organes reproducteurs n'ont été prises qu'en très-faible considération dans les caractères des groupes naturels, et sont restées étrangères à la classification générale; la position respective des feuilles, la présence ou l'absence des stipules, ont seules paru présenter une certaine valeur dans la définition des familles naturelles; mais l'attention s'est à peine portée sur l'organisation interne, sur l'anatomie de ces parties. Cependant on sait que les faisceaux fibro-vasculaires qui entrent dans la constitution de la tige et des feuilles offrent, dans quelques familles, des caractères particuliers qui ont permis d'en reconnaître les bois à l'état fossile. Ce qui a lieu ainsi pour les familles des Conifères et des Cycadées se présente-t-il également dans d'autres groupes naturels? Ceux qui offrent en apparence de grandes différences dans la structure de leurs tiges ont-ils cependant quelques caractères communs? C'est une question dont la solution aurait un grand intérêt en établissant entre les organes de nutrition et de reproduction une corrélation que de Candolle croyait devoir exister dans toute classification réellement naturelle, mais que l'observation directe n'a pas constatée jusqu'à ce jour.

L'Académie des sciences avait appelé l'attention des botanistes anatomistes sur ce sujet; mais aucun travail suffisant pour résoudre la question ne lui est parvenu.

La classification générale du règne végétal et les rapports des divers groupes naturels qu'on peut y établir ne constituent pas seuls l'étude de l'ensemble du règne végétal, au point de vue de la distribution des formes diverses qu'il présente. Tous ces groupes qui indiquent des rapports plus ou moins intimes entre les végétaux, genres, tribus, familles, classes, embranchements, ont pour point de départ l'espèce, c'est-à-dire cette association d'individus considérés comme similaires ou presque similaires.

C'est ce degré plus ou moins complet de similitude entre les individus qu'on considère comme appartenant à la même espèce qui constitue la difficulté de la fixation des limites des espèces; en effet, dans les deux règnes organiques, on voit les individus provenant des mêmes parents, et dans le règne végétal d'un même individu, lorsqu'il est hermaphrodite, présenter certaines variations dans leurs formes auxquelles on attribue peu de valeur et qui constituent des variétés. Quel est le degré d'étendue de ces variations? Quel est, au contraire, le degré de fixité des formes d'une espèce? C'est une question qui divise depuis longtemps les naturalistes et qui prend une beaucoup plus grande importance qu'on ne pourrait le croire au premier abord, à cause de sa connexion avec la géographie botanique et le mode de dissémination des espèces sur le globe et même avec l'origine de ces espèces et les changements qui se sont opérés dans la végétation du globe avant qu'elle ait revêtu ses formes actuelles.

Cette question de la définition de l'espèce, de ses limites et de ses modifications a été l'objet de travaux importants, dont plusieurs s'appliquent aux deux règnes organiques.

Notre éminent chimiste, M. Chevreul, à la suite d'un rapport à la Société d'agriculture sur l'*Ampélographie* du comte Odart, en 1846, exposait des considérations générales sur ce sujet[1] dans lesquelles il présentait, d'une manière très-précise, ce que l'expérience avait établi sur la limite des espèces, des races et des variétés.

M. Godron, dans un ouvrage plus récent[2], dans lequel il considère l'espèce dans les deux règnes organiques et chez l'homme, établissait ce que, dans l'état actuel de la science et d'après l'ensemble des faits connus, on doit admettre relativement à cette importante question. Pour lui, l'espèce, considérée dans ses caractères essentiels et qu'on peut appeler *spécifiques*, est invariable et ne s'est pas modifiée depuis les temps les plus reculés auxquels nous puissions remonter; elle ne subit aucun changement dans les conditions

[1] *Considérations générales sur les variations des individus qui composent les groupes appelés, en histoire naturelle,* variétés, races, sous-espèces et espèces, par M. Chevreul. (*Mémoires de la Société d'agriculture. — Annales des sciences naturelles : Botanique,* 3e série, tome VI, p. 142, 1846.)

[2] *De l'espèce et des races dans les êtres organisés et spécialement de l'unité de l'espèce humaine,* par D. A. Godron; 2 volumes in-8°, 1859.

actuelles de la vie à la surface du globe; les variations que quelques savants lui attribuent dans les périodes géologiques antérieures supposent nécessairement des conditions d'existence différentes ou l'intervention d'une puissance qui n'agit pas sur la nature actuelle. Mais ces espèces, invariables dans leur essence, peuvent cependant présenter une variabilité maintenue dans certaines limites : c'est ce qui constitue les variétés, variétés tantôt très-instables et non susceptibles de se reproduire par le semis, tantôt se reproduisant d'une manière presque constante par le semis, mais pouvant cependant revenir au type primitif dans certaines circonstances et constituant les races.

C'est la doctrine admise par la plupart des botanistes et, l'on peut ajouter, des zoologistes. Cette manière de comprendre les limites de l'espèce n'empêche pas qu'il ne puisse y avoir des changements à apporter aux espèces constituées par Linné et admises par la plupart de ses successeurs jusque dans ces derniers temps. Plusieurs d'entre elles, fondées sur des documents incomplets, embrassent des types réellement distincts, qui se reproduisent d'une manière constante et constituent des espèces différentes.

Dans ces derniers temps, des opinions extrêmes se sont manifestées parmi les botanistes au sujet de la limite plus ou moins étendue à attribuer au type spécifique; les uns, frappés des transitions insensibles qu'on observe quelquefois entre des végétaux qui présentent des formes très-différentes aux deux extrémités de la série, sont disposés à donner une grande extension à la conception de l'espèce et à n'admettre que comme des modifications résultant de causes extérieures, ou de la perpétuité de déviations accidentelles du type primitif, les formes diverses qui oscillent autour de ce type.

D'autres, attachant plus d'importance aux légères différences qu'ils observent, croyant pouvoir constater leur permanence par la voie des semis, constituent des espèces avec chacune de ces formes diverses.

La première manière de voir était celle de Linné et de ses successeurs jusque vers l'époque actuelle; c'est encore l'opinion de beaucoup de botanistes français, et l'opinion qui paraît dominer en Angleterre.

L'autre manière de considérer les limites de l'espèce a pris naissance en Allemagne, où elle a été appliquée d'abord, dans une assez juste mesure, à certains genres de la flore d'Europe, puis à d'autres genres polymorphes dans lesquels les limites spécifiques sont difficiles à établir. Depuis lors, elle a trouvé son plus grand défenseur en France dans M. Jordan, de Lyon, qui a étendu l'application de ses principes à beaucoup de genres de notre flore.

La multiplicité des espèces ainsi établies par ce botaniste est telle que, dans un de ses derniers ouvrages, il admet 53 espèces distinctes dans le genre *Erophila,* toutes fondées sur l'espèce unique pour les botanistes qui l'ont précédé, l'*Erophila vulgaris* de de Candolle, ou *Draba verna* de Linné. Il semblerait résulter de ces exemples que la définition de l'espèce est comprise d'une manière très-différente par les botanistes, soit en principe, soit dans l'application.

Cependant la définition de l'espèce, depuis Linné et Buffon jusqu'à nos jours, est basée, pour la plupart des naturalistes, même pour ceux qui dans l'application s'éloignent le plus du grand naturaliste suédois, sur la similitude de l'organisation, mais surtout sur l'hérédité et la transmission des mêmes caractères par la génération; l'espèce comprenant ainsi les individus qui proviennent ou peuvent être considérés comme provenant d'une même souche primitive, d'un même individu ou d'un même couple, lorsque les sexes sont séparés : c'est la définition admise par les savants qui considèrent les espèces comme n'étant pas susceptibles de se transformer en d'autres espèces, opinion qui réunit, du moins en France, la majorité des botanistes.

Mais si cette définition semble nette et précise théoriquement et représente les individus d'une même espèce comme une grande famille ayant les mêmes ancêtres et ne différant entre eux que comme les enfants des mêmes parents peuvent différer les uns des autres, elle n'offre pas moins de grandes difficultés dans son application et, par suite, une grande divergence dans les résultats pratiques.

Dans l'impossibilité où l'on est de remonter à l'origine des individus plus ou moins différents entre eux qu'on a admis jusqu'à présent comme constituant de simples variétés d'une même espèce, on devrait, par des semis faits dans des conditions variées, s'assurer de la variabilité ou de la constance des diverses modifications de structure que présentent les divers individus appartenant à chacune de ces variétés; mais cette voie expérimentale, qui jetterait tant de jour sur cette question, a été rarement suivie, et lorsqu'on l'a adoptée, elle n'a pas toujours été parcourue avec assez de persévérance, de précision et de variété dans les conditions d'expérience pour que ses résultats puissent être admis comme concluants. En effet, comme expérience scientifique, elle exigerait une extension et une durée qui en rendent l'exécution bien difficile.

L'étude des plantes cultivées en grand dans nos jardins peut cependant jeter beaucoup de jour sur cette question et, par analogie, nous éclairer sur l'étendue et la nature des variations dont les plantes sauvages sont susceptibles.

Les botanistes qui dans la pratique semblent s'éloigner le plus des limites que nous venons d'indiquer admettent cependant le même principe de l'invariabilité des espèces, ou plutôt ils l'exagèrent en l'étendant à ce que l'on considère généralement comme des variétés, ou même comme de simples variations accidentelles.

Ainsi M. Jordan, qui en France représente cette classe de botanistes qui ne craignent pas de multiplier les espèces presque à l'infini, en les fondant souvent sur les caractères les plus légers, admet aussi comme définition de l'espèce l'invariabilité des caractères dans les descendants d'une même souche primitive, et c'est parce qu'il croit avoir constaté cette invariabilité dans les plantes dont les diverses formes constituent pour lui autant d'espèces qu'il les élève à ce rang, au lieu de les considérer comme de simples variations d'un même type.

Le point en litige se trouve ainsi ramené à une question de fait que l'expérience finira par résoudre ; seulement ces expériences sont longues et délicates, car, pour donner des résultats certains en dehors de toute contestation, il faut qu'elles soient faites avec beaucoup de soin et de précaution pour éviter les erreurs, et il faut qu'elles soient répétées pendant plusieurs années.

M. Jordan assure que les semis qu'il a faits dans son jardin, dans un même sol, de beaucoup des espèces qu'il a établies en si grand nombre aux dépens des anciennes espèces linnéennes, lui ont donné des plantes qui se sont maintenues sans varier, en restant identiques aux types qu'il a admis; elles se sont reproduites ainsi, suivant lui, pendant plusieurs années.

Plusieurs botanistes qui ont répété la même expérience avec des graines provenant des espèces établies par M. Jordan affirment qu'ils n'ont pas obtenu le même résultat, et que les espèces ainsi fondées n'ont pas présenté de caractères stables et invariables.

Il serait bien à désirer, sur un sujet qui a une grande portée philosophique, que les résultats obtenus à la suite d'expériences bien faites fussent publiés; car on possède à cet égard plutôt des assertions contradictoires que des faits positifs exposés avec ces détails et cette précision qui amènent la conviction.

Il existe cependant une expérience faite au Muséum d'histoire naturelle de Paris avec toutes les précautions et l'exactitude qu'on pouvait attendre de son auteur : je veux parler des expériences sur la variabilité dans l'espèce du Poirier que M. Decaisne a fait connaître à l'Académie des sciences en 1863, et dont il est nécessaire de citer ici les principaux résultats.

Ces résultats sont en contradiction complète avec l'opinion émise par M. Jordan, en 1853, sur l'origine des diverses variétés ou espèces d'arbres fruitiers. Mais je ne puis mieux faire que de citer textuellement les passages les plus importants du mémoire de

M. Decaisne, dans lequel cette question est exposée d'une manière très-claire et très-nette.

« Deux écoles, je dirais volontiers deux hypothèses, dit M. Decaisne, divisent aujourd'hui les botanistes. La plus ancienne, celle que je pourrais appeler l'école de Linné, admet la variabilité des espèces; dans des limites, il est vrai, qu'il n'est pas toujours facile de préciser; de là ces espèces larges, polymorphes, quelquefois vaguement définies, mais en général faciles à caractériser par une courte phrase descriptive. L'autre école, qui est surtout de notre temps, et qui, je crois, pourrait s'appeler l'école de l'immuabilité, nie de la manière la plus formelle la variabilité dans le règne végétal. Pour elle, les formes spécifiques ne se modifient jamais et à aucun degré, et dès que deux plantes congénères présentent des différences saisissables, si faibles qu'elles soient, ces deux plantes sont deux espèces radicalement distinctes dès l'origine des choses. Avec cette manière de voir, qui a trouvé dans M. Jordan (de Lyon) un défenseur très-éloquent et très-convaincu, toutes les races et toutes les variétés admises par l'autre école deviennent autant d'espèces; aussi les flores locales se sont-elles prodigieusement amplifiées, lorsqu'elles ont eu pour auteurs des hommes imbus de ces idées.

« Que les botanistes linnéens aient fait des espèces trop larges en réunissant sous une même dénomination spécifique des formes réellement distinctes, c'est ce que je suis loin de contester; mais ce sont là des fautes de détail, inévitables dans un premier recensement de la flore générale du globe, inconvénients que l'expérience corrige tous les jours. On aurait tort, à mon sens, d'y chercher la condamnation du principe même qui les a dirigés, la variabilité des types spécifiques. Il faut reconnaître cependant que leurs adversaires ont le droit d'exiger la preuve de cette variabilité presque toujours plus hypothétique que démontrée. C'est là qu'est le nœud de la question; car, s'il vient à être établi que ce que nous avons considéré jusqu'ici comme de simples altérations d'un type plus général est réellement immuable, que nos variétés prétendues sont des espèces, malgré leurs affinités apparentes, il faudra donner raison à ces adversaires et admettre dans nos catalogues descriptifs toutes ces menues espèces, quel qu'en soit le nombre et quelque embarrassante que devienne une nomenclature trop étendue. Mais est-ce bien là qu'est le progrès? Est-ce là surtout qu'est la vérité? Beaucoup de bons esprits en doutent; non-seulement ils craignent de voir la botanique descriptive dégénérer en une science de mots, mais ils se demandent encore si, après tout, l'immuabilité des formes est mieux prouvée que leur variabilité. Une seule voie est ouverte pour trancher le différend : il ne s'agit plus de discuter, mais d'observer, et d'apporter des faits, et c'est dans ce but que j'ai entrepris l'expérience dont j'ai à entretenir l'Académie.

«Aux yeux de M. Jordan[1], toutes nos races et toutes nos variétés d'arbres fruitiers, de Poiriers entre autres, sont des espèces distinctes, invariables, se conservant toujours semblables à elles-mêmes dans toutes les générations possibles; d'où il suit que ces arbres ne proviennent pas, comme on le croit communément, d'un seul ou même d'un petit nombre de types spécifiques que la culture a fait varier, mais d'autant de types premiers qu'il y a de variétés discernables[2]; ainsi, pour ne nous attacher qu'au Poirier, où les pépiniéristes comptent déjà plus de cinq cents variétés, il faudrait admettre au moins cinq cents espèces primitives; et comme elles n'existent nulle part à l'état sauvage, la logique entraîne M. Jordan à conclure que leur domestication remonte à l'époque antédiluvienne de l'humanité, et que nous ne les possédons aujourd'hui que parce qu'elles ont été conservées dans l'arche qui a sauvé Noé et sa famille[3].

«N'est-il pas plus simple d'expliquer cette multitude toujours

[1] Alexis Jordan, *De l'origine des diverses variétés ou espèces d'arbres fruitiers et autres végétaux généralement cultivés pour les besoins de l'homme;* Paris, Baillière, 1853, p. 30, etc.

[2] *Ibid.* p. 32, etc. — [3] *Ibid.* p. 89.

croissante de variétés congénères par le principe de la variabilité des espèces, si cette variabilité peut être démontrée? Or je crois qu'elle l'est. L'Académie connaît déjà les étonnantes transformations qui ont été observées récemment au Muséum dans le groupe des Courges et des Melons, où les variétés aussi se comptent par centaines; les faits que j'ai à signaler dans le Poirier sont du même ordre et conduisent à des conclusions toutes semblables, qui sont, d'une part, l'apparition contemporaine de races nouvelles, de l'autre, leur instabilité par les croisements, et en définitive l'unité spécifique de toutes les races et variétés de Poiriers cultivés.

«En 1853, jai fait un nombreux semis de pepins de poires choisies, l'année précédente, dans quatre variétés acceptées pour bien distinctes par tous les arboriculteurs, savoir : notre ancienne poire d'Angleterre, connue de tout le monde; la poire Bosc, dont la forme est celle d'une calebasse allongée et la peau uniformément de couleur cannelle; la poire Belle-Alliance, de forme ramassée et colorée de jaune et de rouge; et la poire Sauger, variété sauvage ou à peu près sauvage, et qu'on a nommée ainsi parce que les feuilles de l'arbre rappellent par leur villosité blanchâtre celles de la Sauge commune. Les pepins de ces poires ont levé dans l'année même des semis, à l'exception de ceux de la poire d'Angleterre, qui ne l'ont fait que l'année suivante.

«Un très-petit nombre seulement de ces arbres a commencé à fructifier, et je le regrette, parce que les résultats qu'ils m'auraient fournis, si tous avaient porté fruit, auraient été bien plus variés et par cela même plus concluants que ceux que j'ai à soumettre aujourd'hui à l'Académie. On saisira cependant du premier coup d'œil, à l'inspection des figures coloriées, combien les fruits, dans chacune de ces catégories, sont déjà modifiés par la première génération.

«Ainsi, dans la variété de Poirier Sauger, quatre arbres qui ont fructifié ont donné quatre formes de fruits différentes : l'une ovoïde, toute verte; une seconde ramassée, presque maliforme, colorée de rouge et de vert; une troisième, plus déprimée encore; enfin une quatrième, régulièrement pyriforme, du double plus grosse que les précédentes et uniformément jaune. De la poire Belle-Alliance sont sorties neuf variétés nouvelles dont aucune ne reproduit la variété mère, soit par la forme, soit par la grosseur, soit par le coloris, soit enfin par l'époque de la maturité; il y en a deux surtout que je ferai remarquer, l'une pour son volume plus que double de celui de la poire Belle-Alliance, l'autre pour sa forme ramassée qui rappelle les poires maliformes ou Bergamotes. La poire Bosc a produit de même trois nouveaux fruits différents de type; l'un des trois se trouvant même si semblable à l'un des fruits obtenus du Poirier Sauger que l'on aurait peine à l'en distinguer. Les variations ne sont pas moins grandes dans le semis de la poire d'Angleterre, où six arbres fructifiants nous donnent six formes nouvelles, toutes aussi différentes les unes des autres et de la forme mère que le sont entre elles la plupart de nos anciennes variétés; l'un des sujets m'a même fourni des fruits d'hiver semblables à la poire de Saint-Germain.

« Ce n'est pas seulement par les fruits que les arbres issus d'une même variété ont différé, c'est aussi par leur différence de précocité, par le port et la forme des feuilles. Ces différences sont frappantes pour qui observera ces arbres rapprochés dans les mêmes planches du jardin : autant d'arbres, autant d'aspects différents. Les uns sont épineux, les autres sont sans épines; ceux-ci ont le bois grêle, ceux-là l'ont gros et trapu; sur quelques sujets du Poirier d'Angleterre, la variation est allée jusqu'à produire, la première année de semis, des feuilles lobées semblables à celles de l'Aubépine ou du *Pyrus japonica*. Rien n'aurait donc été plus facile que de faire de ces jeunes arbres presque autant d'espèces nouvelles, pour peu qu'on eût partagé les idées de l'école moderne et qu'on n'eût pas su d'où ils provenaient. »

En citant ce passage du mémoire de M. Decaisne, nous avons voulu non-seulement montrer les graves objections qu'il y avait à faire à la manière de considérer les espèces établies par M. Jordan pour les arbres fruitiers, mais aussi la marche à suivre pour constater les erreurs d'une semblable opinion.

Pour les plantes herbacées annuelles ou vivaces, les expériences de semis des graines recueillies et distribuées par M. Jordan lui-même ne paraissent pas plus favorables à l'opinion qu'il a émise sur l'invariabilité des espèces qu'il a fondées, et l'étude de ce qui se passe journellement dans nos jardins fleuristes, relativement aux espèces exotiques qui y sont introduites, pouvait faire prévoir ce résultat.

En effet, nous voyons fréquemment une nouvelle espèce provenant de graines étrangères ne se montrer d'abord que sous une forme unique; puis, lorsque sa culture s'étend, quelques individus s'éloignent du type primitif par la taille, la couleur, la forme des feuilles ou des fleurs; et si ces différences semblent de quelque intérêt pour l'horticulteur, en recueillant avec soin les graines des individus qui les présentent, en ne conservant dans les semis qui en proviennent que les individus qui représentent la variété nouvelle, en éliminant à chaque génération tout ce qui s'en éloigne, en épurant ainsi le semis, on arrive à fixer la variété, comme disent les jardiniers, et à transformer une variété accidentelle en une race permanente ou à peu près permanente, qui serait une espèce d'après les idées nouvelles que nous combattons. C'est une méthode que tous les cultivateurs intelligents appliquent aux plantes annuelles ou bisannuelles dont ils veulent rendre une variété permanente; nous l'avons vue exécutée sur une grande échelle et avec un soin particulier dans les grandes cultures destinées à la récolte des graines de fleurs et de plantes potagères de M. Vilmorin.

C'est ce procédé de sélection répété qui produit nos races de plantes de jardin; mais à son exécution la main et l'intelligence de l'homme sont nécessaires, et nous en comprenons difficilement l'application dans la nature.

Aussi l'espèce, malgré la variabilité qu'elle peut présenter dans certaines limites, nous paraît invariable dans son essence et ne pas pouvoir se transformer en une autre espèce ni donner naissance à des espèces nouvelles.

Placée dans les conditions les plus différentes de celles où la nature l'avait fait naître, la plante conserve ses caractères essentiels ou périt; elle présente de légères variations, qui n'ont rien de stable; elle ne se modifie pas graduellement et ne s'acclimate pas : ainsi la pomme de terre, le haricot commun, le maïs, le dahlia, l'héliotrope, la capucine, sont aussi sensibles au froid que lors de leur introduction en Europe, qui, pour quelques-unes de ces plantes, remonte à plus d'un siècle; mais ces plantes, dont plusieurs proviennent bien évidemment d'une source primitive simple, ont cependant par les semis produit des variétés nombreuses, dont la pomme de terre surtout nous offre des exemples frappants.

On peut ainsi se représenter l'espèce comme un cercle plus ou moins étendu, dans l'intérieur duquel elle peut se mouvoir et osciller sans pouvoir en franchir les limites.

On a cru quelquefois que le croisement des espèces par l'hybridation pouvait être l'origine de nouvelles espèces, qui viendraient ainsi s'ajouter à celles qui existaient précédemment et modifier la nature de la végétation d'un pays.

Ces croisements opérés volontairement dans nos jardins, soit comme expériences physiologiques, soit par les horticulteurs pour multiplier les variétés, se montrent plus rarement dans la nature; mais cependant, depuis que l'attention s'est dirigée sur ce sujet, on a observé à l'état sauvage des plantes dont on n'a pas pu révoquer en doute l'origine hybride.

Mais ces plantes peuvent-elles devenir la souche de nouvelles espèces, comme quelques savants l'ont supposé, et la flore de l'Europe, par exemple, peut-elle s'enrichir ainsi chaque jour d'espèces qui n'existaient pas anciennement?

Des expériences dirigées avec soin, continuées pendant plusieurs années, surtout les expériences si concluantes de M. Naudin au

Muséum d'histoire naturelle, établissent le contraire : ou les hybrides sont absolument stériles, et leur propagation est impossible ou limitée à des moyens artificiels (bouture, greffe, etc.); ou ces plantes, susceptibles d'être fécondées par l'une des espèces qui les ont produites, rentrent dans l'un de ces types spécifiques; ou enfin ces hybrides, doués dans quelques cas d'une fécondité propre, peuvent donner des graines sans l'intervention d'autres plantes, et alors encore leurs produits reviennent bientôt aux deux types spécifiques qui leur ont donné naissance. Ainsi le croisement entre des espèces différentes ne peut amener la création de nouvelles espèces.

De l'ensemble des faits recueillis sur ce sujet, on peut donc conclure, dans l'état actuel de nos connaissances, que les types spécifiques ne peuvent ni se transformer les uns dans les autres, ni donner naissance à de nouveaux types distincts; que ces types, d'après la plupart des observations, sont susceptibles de certaines variations limitées qui permettent d'y distinguer des variétés et des races; que l'étendue de ces variations et la circonscription plus ou moins étroite des limites de l'espèce, dans chaque cas particulier, est le seul point en discussion; que sur ce point des faits nombreux tendent à combattre l'opinion qui, circonscrivant chaque espèce dans les limites les plus étroites, considère chaque forme végétale, quel que soit le peu d'importance des caractères qui la distinguent, comme un type spécifique invariable et permanent; mais cette opinion étant soutenue par des botanistes habiles et convaincus, il y a lieu à résoudre la question par des recherches précises et bien dirigées. Espérons qu'avant quelques années de nouvelles lumières surgiront sur ce sujet et pourront lever tous les doutes.

CHAPITRE II.

TRAVAUX MONOGRAPHIQUES.

L'étude spéciale de groupes naturels plus ou moins étendus du règne végétal est le meilleur moyen d'approfondir et de perfectionner nos connaissances sur l'ensemble de ce règne. Ce sont les pierres de l'édifice, qui ne pourra s'élever d'une manière durable que lorsque tous les matériaux en auront été bien préparés.

On ne saurait donc accorder trop de valeur aux travaux monographiques, lorsqu'ils sont bien faits et surtout lorsqu'ils embrassent des groupes de végétaux assez nombreux pour amener un examen approfondi des modifications dont l'organisation d'un même groupe naturel de végétaux est susceptible. Le monographe peut mieux que personne apprécier l'importance de ces modifications, importance qui, variant suivant les familles, ne permet pas d'établir une échelle absolue de la valeur des caractères s'appliquant également à tous les groupes du règne végétal.

Ces études monographiques ont été recommandées par tous les maîtres de la science, mais les résultats en sont bien variables; souvent elles ont été l'œuvre du début de jeunes naturalistes pour lesquels des travaux de ce genre sont un excellent exercice, mais elles laissent bien des fois apercevoir le défaut d'expérience de l'auteur et les lacunes que lui-même appréciera plus tard; dans d'autres cas, c'est la science elle-même qui, par ses progrès, fait vieillir au bout de quelques années l'œuvre des savants les plus éminents. Chaque jour on a le droit de devenir plus exigeant, et les travaux doivent être appréciés d'après l'époque à laquelle ils ont été faits.

Les sciences d'observation et d'expérience marchent si vite que trente années changent assez l'état de nos connaissances pour que tel travail, qui était remarquable en 1840, qui a lui-même contribué aux progrès obtenus depuis cette époque, soit considéré comme d'une faible valeur, si l'on ne se reporte pas au moment et aux conditions dans lesquels il a été exécuté.

Ces idées doivent nous diriger dans l'appréciation des œuvres qui ont concouru aux progrès de la botanique pendant les vingt-cinq dernières années, parmi lesquelles les travaux monographiques tiennent une très-grande place.

Les études relatives aux plantes cryptogames réclament un examen plus étendu que les monographies des plantes phanérogames, car chacune des familles de cette grande division du règne végétal a, pour ainsi dire, son organisation propre, très-différente de celle des autres et presque toujours liée à des phénomènes biologiques qui varient plus d'une famille à l'autre parmi les Cryptogames que dans la série entière des Phanérogames.

I. — Cryptogamie.

L'étude des végétaux inférieurs, d'une organisation plus simple, en apparence du moins, que celle des végétaux ordinaires ou phanérogames, a été poursuivie avec une grande ardeur par les botanistes de tous les pays depuis une trentaine d'années, et, pendant la période qui nous occupe, les naturalistes français ont eu une belle part dans les découvertes importantes dont ces plantes ont été l'objet.

Il y a maintenant près d'un siècle et demi, Linné, avec cet esprit juste et supérieur dont toutes ses œuvres donnent la preuve, voyant dans tous les êtres dont l'organisation se présentait à ses yeux avec clarté le phénomène général de la reproduction s'opérer par l'action réciproque d'organes distincts, tantôt séparés sur des êtres différents, tantôt réunis dans un même individu, persuadé de la généralité des grands phénomènes de la nature, ne voulut pas admettre que la fécondation fût nécessaire à la production des germes dans la plus grande partie du règne végétal et n'existât pas dans une grande division de ce règne. C'est pour cette raison qu'il créa pour ces derniers êtres la classe à laquelle il donna le nom de Cryptogamie, c'est-à-dire celle des végétaux à fécondation obscure et cachée, et non pas celui d'Agamie, que quelques auteurs ont voulu depuis substituer au nom donné par Linné, en affirmant par là que ces végétaux se reproduisaient sans le concours de la fécondation.

La science moderne tend chaque jour à confirmer les prévisions hardies de Linné et à généraliser pour tous les êtres vivants la nécessité du concours de deux ordres d'organes différents pour la formation d'une partie du moins des corps qui servent à leur reproduction.

Les végétaux cryptogames comprennent des groupes très-différents par leur aspect extérieur comme par l'ensemble de leur organisation; tels sont, pour ne citer que les termes les plus connus de cette série, les Fougères et les Lycopodes, les Mousses et les Hépatiques, les Lichens, les Champignons de toutes sortes, les Algues, Fucus et Conferves.

Chacun de ces groupes, et même souvent chacune de leurs subdivisions, offre une structure tellement spéciale qu'il y a plus de différence entre une Fougère et une Mousse, une Mousse et un Champignon, qu'entre une Graminée et une Rose, entre un Palmier et un Chêne.

Chaque groupe doit donc être étudié séparément : ce qu'on observe dans une Fougère n'est pas ce qu'on voit dans un Lycopode; celui-ci diffère autant d'une Mousse, au point de vue de la fécondation, que cette dernière diffère d'un Lichen; tandis que, dans les plantes phanérogames, le mode d'action du pollen, le mode de formation de l'embryon, sont les mêmes dans toute cette grande division du règne végétal, dans une Monocotylédone aussi bien que dans une Dicotylédone.

Cette étude des plantes cryptogames, au point de vue de leur organisation intime et de leurs fonctions, a donc exigé de longs travaux et le concours d'un grand nombre d'observateurs éminents.

Il a fallu bien des observations minutieuses, poursuivies avec persévérance pendant toutes les phases de leur développement, pour saisir le mode d'action d'organes que le microscope seul nous fait découvrir, sur des végétaux qui pour la plupart se prêtent difficilement à la culture.

Aussi ce n'est que peu à peu que chacun des groupes de ces végétaux si variés arrive à être mieux connu dans sa structure et dans son mode d'existence et vient se ranger parmi ceux dont la fécondation est bien constatée, après être longtemps restée cachée aux yeux d'observateurs moins attentifs.

Déjà, à la fin du siècle dernier, un des plus habiles observateurs de cette époque, Hedwig, avait fait rentrer, d'une manière évidente pour tout esprit sans prévention, les Mousses et les Hépatiques parmi les plantes à fécondation certaine, et avait ainsi confirmé ce nom de Cryptogame, tout en intervertissant le rôle attribué à tort par Linné aux organes de ces petits végétaux. Nous verrons que la science moderne a bien ajouté aux observations d'Hedwig quelques faits importants, mais qui ne modifient en rien les résultats essentiels auxquels ce savant botaniste était arrivé pour ces familles.

Hedwig n'avait pas été aussi heureux à l'égard des Fougères, et son opinion sur leurs organes fécondateurs n'était admise qu'avec beaucoup d'hésitation; l'opinion avancée par Presl en 1836 n'avait pas trouvé plus de partisans, et cette belle famille, la plus voisine en apparence des plantes phanérogames, restait entourée, en ce qui concerne la nature et le mode d'action de ses organes reproducteurs, de la plus grande obscurité, lorsque les observations inattendues de M. Nægeli sur leurs anthéridies, bientôt confirmées en France par celles de M. Thuret, puis celles de M. Leszczyc Suminsky sur leurs archégones, vinrent nous dévoiler un mode de fécondation et de développement tout à fait insolite.

Les Prêles ou Équisétacées rentrèrent bientôt dans la même catégorie que les Fougères.

Le rôle des deux sortes d'organes observés dans une Marsiléacée, le *Salvinia*, avait déjà été signalé depuis longtemps (en 1819) par le professeur Paolo Savi, de Pise, à la suite d'expériences directes confirmées par celles de son frère Pietro Savi en 1830. Mais la structure des organes, leur mode d'action, n'avaient pas été étudiés, et ce n'est que dans ces dernières années que d'habiles observateurs allemands démontrèrent la manière dont ces divers organes, dans les Marsiléacées ou Rhizocarpées et dans les Lycopodiacées, remplissent la fonction à laquelle ils sont destinés.

Toutes les familles de la division la plus élevée de la Cryptogamie se trouvaient ainsi ramenées à la reproduction sexuelle, seulement avec des différences considérables dans la disposition et le mode de développement des organes.

Les Cryptogames inférieures réunies par Linné dans les ordres des Champignons et des Algues, qui comprennent également les Lichens, offraient, à cet égard, une obscurité bien plus grande, obscurité qui n'est pas encore complétement dissipée, malgré les études nombreuses et persévérantes d'un grand nombre d'observateurs.

On peut dire que c'est un des points sur lesquels, avec raison, se portent spécialement en ce moment les efforts des physiologistes; car ces plantes inférieures, plus simples à bien des égards dans leur organisation, paraissent appelées à nous dévoiler bien des mystères de la vie des végétaux supérieurs.

C'est ce que nous démontreront les belles découvertes sur la sexualité des Algues, résultat des recherches exécutées avec tant de persévérance par M. Thuret et confirmées par celles qui ont été faites en Allemagne sur des groupes très-différents de cette grande classe des végétaux

Les Champignons et les Lichens ont pendant plus longtemps semblé se soustraire à cette loi générale. Cependant, dans quelques-uns d'entre eux, des phénomènes analogues à ceux qui ont été observés dans les Algues se sont montrés d'une manière évidente; chez d'autres, des organes, dont les fonctions sont encore obscures, semblent annoncer des phénomènes de fécondation et feront sans doute rentrer ces végétaux dans la loi générale de la reproduction sexuelle, souvent obscurcie par la manière insolite dont elle s'exerce.

Cette grande classe des Champignons, en dehors de la recherche des phénomènes de sexualité, est devenue aussi le sujet d'observations d'un haut intérêt sur les formes successives ou alternatives que revêt le même individu ou la même espèce à diverses époques de son existence, phénomènes analogues aux phénomènes déjà étudiés dans le règne animal et qui viennent établir ainsi un lien de plus entre les deux règnes organiques et entre les conditions si diverses sous lesquelles la vie se manifeste.

Avant d'examiner les travaux qui se rapportent spécialement à certaines familles de plantes cryptogames, nous devons signaler ici les résultats d'études qui embrassent simultanément plusieurs de ces familles, et qui tirent leur intérêt principal de la lumière qu'ils répandent sur les organes qui appartiennent en commun à ces familles, et sur le rôle qu'ils remplissent.

Les Cryptogames acrogènes sont particulièrement dans ce cas; elles comprennent, comme on le sait, les Lycopodiacées, les Marsiléacées, les Fougères, les Équisétacées, les Mousses, les Hépatiques et les Characées ; elles sont caractérisées non-seulement par leurs organes de la végétation, présentant le plus souvent, comme chez les Phanérogames, une tige ou axe et des feuilles ou organes appendiculaires distincts, mais aussi par leurs organes reproducteurs composés d'anthéridies renfermant des anthérozoïdes, presque semblables dans toutes ces familles, et d'archégones, d'une structure similaire, malgré la position très-diverse qu'ils occupent, et renfermant soit le germe de la jeune plante, soit l'origine du sporange.

C'est la découverte de ces deux sortes d'organes essentiels, dont la structure est presque la même dans toutes les familles que nous avons citées plus haut, qui constitue un des grands progrès de la botanique cryptogamique au point de vue physiologique, depuis vingt-cinq ans.

En effet les anthéridies et les archégones, connues dans les

Mousses et les Hépatiques depuis les travaux d'Hedwig, n'ont été, même dans ces familles, bien appréciées dans plusieurs points essentiels de leur structure que dans ces dernières années.

Ainsi les corpuscules animés de mouvements spontanés que renferment leurs anthéridies, et qu'on désigne par le nom d'*anthérozoïdes* ou de *spermatozoïdes* végétaux, n'ont été entrevus qu'en 1822, par Fr. Nees von Esenbeck, dans les *Sphagnum*, et le filament spiral qui les constitue en partie n'a été observé qu'en 1834, par M. Unger, et mieux examiné par lui en 1837; ces anthérozoïdes, découverts dans les *Chara* par Meyer, en 1838, n'ont été bien connus qu'en 1840, lorsque M. Thuret aperçut les deux longs cils vibratiles qui déterminent leurs mouvements.

Ce fut un pas important dans nos connaissances sur ces petits corps, car une organisation analogue fut successivement observée dans toutes les familles de Cryptogames acrogènes, et peu d'années après, en 1845, la découverte, par MM. Decaisne et Thuret, des anthérozoïdes des Fucacées, présentant également, malgré leur forme générale très-différente, des cils vibratiles et des mouvements rapides, conduisait à généraliser l'existence de ces corpuscules fécondateurs, doués d'organes locomoteurs.

La découverte des anthérozoïdes sur le *prothallium* provenant de la germination des spores dans les Fougères, faite par M. Nægeli en 1844, fut constatée par plusieurs botanistes dans les années suivantes; mais ce ne fut qu'en 1848 que M. Thuret y observa les cils nombreux qui déterminent leurs mouvements; son mémoire, publié au commencement de 1849, fut bientôt suivi d'un travail de Schacht, publié à la fin de la même année, où l'organisation de ces petits corps est représentée avec beaucoup d'exactitude.

La découverte, par Leszczyc Suminski, des archégones sur ces mêmes *prothallium*, confirmée bientôt par les recherches d'autres savants, établirent d'une manière incontestable le rôle de ces petits corps dans la fécondation.

Des anthéridies et des anthérozoïdes semblables à ceux des

Fougères furent découverts par M. Thuret, vers la même époque, sur les jeunes thalles provenant de la germination des spores des Prêles, et sont figurés dans le mémoire qui a remporté le prix de l'Académie des sciences sur ce sujet, en 1850[1].

En 1851, et sans avoir connaissance du mémoire de M. Thuret, publié la même année, M. Hofmeister obtenait des résultats semblables de ses semis de spores d'Équisétacées.

Ce sujet d'étude fut enfin complété par les observations de M. Milde en Allemagne, et plus récemment, en France, dans le grand ouvrage de M. Duval-Jouve, sur lequel nous reviendrons plus loin.

Les Lycopodiacées et les Marsiléacées, dans lesquelles des phénomènes du même genre furent aussi observés, ne donnèrent lieu, à cette époque, à aucune recherche dans notre pays.

Ainsi toutes les familles de Cryptogames acrogènes étaient ramenées à un type commun consistant à offrir :

1° Des archégones s'ouvrant au dehors et renfermant une cellule ou une masse protoplasmique, qui ne pouvait se constituer en une cellule parfaite, susceptible de se développer et de former soit un embryon, soit un sporange, que sous l'influence de la fécondation;

2° Des anthéridies contenant une masse de petites cellules diversement disposées, dont chacune renferme un anthérozoïde, c'est-à-dire un corpuscule doué de mouvement. Dans ces Cryptogames acrogènes, cet anthérozoïde est toujours formé par un filament spiral, portant tantôt deux longs cils filiformes fixés à une de ses extrémités, tantôt une sorte de couronne ou de crête de cils nombreux et plus courts.

Outre ces parties, on avait souvent signalé soit une vésicule formant un renflement à l'extrémité du filament opposé aux cils, soit une vésicule appliquée contre ce filament, soit enfin des granules ou des lamelles membraneuses qui l'accompagnaient; mais la plupart

[1] Prix décerné en mars 1850; mais le terme du dépôt des mémoires était le 1er janvier 1849. La publication a eu lieu dans les *Annales des sciences naturelles*, en 1850 et 1851, t. XIV, p. 214, pl. XVI-XXXVII, et t. XVI, p. 5, pl. I-XV.

des observateurs avaient attribué ces apparences à des restes de la cellule dans laquelle l'anthérozoïde s'était formé. Il y avait encore des recherches nouvelles à faire pour mieux apprécier la structure de ces petits corps, qui jouent un rôle si important dans la reproduction d'une grande division du règne végétal, phénomènes qui, bien étudiés, peuvent jeter un grand jour sur la fécondation des végétaux en général.

C'est le but que s'est proposé M. Roze depuis quelques années, et ses études, communiquées à la Société botanique de France et soumises au jugement de l'Académie des sciences[1], l'ont conduit à des résultats qui, bien constatés, seront d'un grand intérêt. M. Roze a pensé qu'on avait accordé trop peu d'attention, dans les anthérozoïdes de tous ces végétaux, à la vésicule ou à la masse protoplasmique qui accompagne le fil spiral. Reprenant les observations déjà faites sur la plupart de ces familles, il a trouvé des caractères constants à cette partie, considérée comme accessoire, formant une sorte de vésicule ou de masse régulière et nettement limitée, placée au milieu de la spire et y adhérant par un point dans la Pilulaire, dans les Fougères, les Isoëtes, les Équisétacées; constituant une vésicule qui termine le fil spiral dans les Hépatiques, les *Sphagnum* et les *Chara;* paraissant réduite à une matière amorphe et granuleuse appliquée contre le fil spiral dans les vraies Mousses. Partout il a retrouvé cette matière et il a constaté, caractère remarquable qu'on n'avait pas encore signalé, qu'elle contenait des grains de fécule en nombre presque défini; il a vu que cette partie, lorsqu'elle a l'apparence vésiculeuse, se gonfle lentement pendant la durée des mouvements de l'anthérozoïde, pour se résoudre ensuite en laissant disperser les granules qu'elle renfermait.

Un habile anatomiste allemand, qui vient d'être enlevé à la science par une mort prématurée, Schacht, avait plus qu'aucun autre déjà fixé son attention sur cette partie vésiculeuse de l'anthé-

[1] Le prix Desmazières a été accordé aux recherches de M. Roze sur ce sujet en 1866 par l'Académie des sciences.

rozoïde dans les Fougères et les Équisétacées; dès 1849 [1], il la représentait très-nettement dans les Fougères, et, plus récemment, il insistait sur sa nature non cellulosique, comme la distinguant de la cellule mère de l'anthérozoïde.

De l'ensemble de ses observations sur ces familles, dans lesquelles il a toujours retrouvé ces mêmes caractères, M. Roze est arrivé à penser que le fil en hélice de l'anthérozoïde, avec ses cils moteurs, n'était qu'un organe de transport, et que la véritable partie fécondante devait être la petite masse de matière plasmique et amylacée entraînée par cet organe locomoteur jusqu'à l'orifice des archégones, où on la trouve souvent accumulée. Cette idée ingénieuse, et que bien des faits rendent très-vraisemblable, serait, si on peut la constater d'une manière positive, un pas important dans l'explication des phénomènes de la fécondation.

Nous signalerons plus loin des expériences relatives aux Hépatiques, qui paraissent confirmer le rôle attribué à ces organes.

Avant d'examiner les études qui, dans chacune des familles de Cryptogames, ont contribué à faire avancer nos connaissances à leur égard, signalons quelques travaux qui se rapportent à la classification et à la description de l'ensemble de ces végétaux.

Dans les plantes cryptogames, la diversité de structure des différentes familles, la difficulté de leur étude, l'intérêt que présente l'examen approfondi de l'organisation de chaque espèce, et les liens qui existent entre ces études morphologiques et les phénomènes physiologiques font que les travaux descriptifs se confondent souvent avec les recherches anatomiques, et que la plupart des botanistes qui s'en occupent limitent leurs travaux à quelques familles, les uns aux Fougères, d'autres aux Mousses, aux Champignons ou aux Algues.

Il est cependant un de nos compatriotes, M. Montagne, qui a embrassé dans ses études toutes les familles de Cryptogames dites *cellulaires* (les Mousses, les Hépatiques, les Lichens, les Algues et

[1] *Linnea*, t. XXII.

les Champignons), et dont les nombreux travaux, publiés la plupart comme Flores cryptogamiques de divers pays, comprennent en même temps toutes ces familles.

Ses études ont porté plutôt sur la classification de ces plantes, sur la distinction des genres et des espèces, que sur l'organisation intime et la physiologie de ces végétaux. Se consacrant spécialement à l'examen des Cryptogames recueillies dans des pays éloignés, par des voyageurs qui s'empressaient de les soumettre à ses recherches, il ne pouvait se livrer à ce genre d'observation, qui exige l'examen répété et suivi des plantes fraîches et vivantes. Armé du microscope, il a toujours cherché cependant à approfondir l'organisation des plantes qu'il décrivait, autant que leur état de conservation le permettait.

Son but, quand il a donné cette direction à ses travaux, était de faire connaître les richesses cryptogamiques recueillies par nos compatriotes pendant de longs voyages, sans qu'ils fussent obligés d'avoir recours à des savants étrangers.

C'est ainsi que déjà, de 1834 à 1840, il publia successivement les plantes cryptogames cellulaires, recueillies : par Gaudichaud, dans l'Amérique méridionale; par Bellanger, aux Indes orientales; par Leprieur, à la Guyane; par Bertero, à l'île Juan-Fernandez; par Auguste Saint-Hilaire, au Brésil; par d'Orbigny, en Patagonie et dans la Bolivie; par Perrotet, aux Indes orientales, dans les Nilgherries; par Webb et Berthelot, aux Canaries. Plus récemment, de 1840 à 1856, des publications plus étendues sont dues à ce botaniste, aussi laborieux que savant.

Les Cryptogames cellulaires de l'île de Cuba forment un volume dans le grand ouvrage consacré à cette île par M. Ramon de la Sagra; la relation du voyage de d'Urville au pôle sud et dans l'Océanie comprend aussi un volume consacré aux mêmes plantes; un travail semblable fait partie de la relation du *Voyage autour du monde* de *la Bonite*, et comprend la description des plantes recueillies par Gaudichaud.

La partie cryptogamique de la Flore d'Algérie, publiée par la Commission scientifique chargée de l'exploration de cette contrée, lui doit tout ce qui concerne les Algues et les Lichens.

De 1850 à 1852, il publiait deux volumes de la Flore du Chili, de M. Gay, consacrés aux Cryptogames cellulaires et comprenant l'étude de près de mille espèces.

À la même époque il faisait connaître l'ensemble des Cryptogames cellulaires, résultant des longues explorations de M. Leprieur à la Guyane, et annonçait ce fait singulier de l'existence, dans les eaux douces des montagnes de la Guyane, de plusieurs Algues appartenant à des genres de la division des Floridées, qu'on n'avait observées jusqu'alors que dans la mer; résultat important à constater au point de vue de la géographie botanique et des conséquences qu'il pourrait avoir, dans certaines circonstances, en géologie.

Outre ces travaux étendus sur des Flores cryptogamiques, M. Montagne avait publié dans ces vingt années un grand nombre de notices ou de mémoires spéciaux sur divers groupes de ces mêmes végétaux, des exposés étendus des caractères de leurs diverses familles, et la description séparée d'un grand nombre d'espèces nouvelles ou mal connues, qu'il réunissait sous le titre de *Centuries de plantes cellulaires exotiques ou indigènes nouvelles*, dans des notices insérées dans les *Annales des sciences naturelles*, depuis 1837 jusqu'en 1849. Il sentit l'utilité qu'il y aurait, pour faciliter la connaissance de cette masse d'études spéciales, ainsi dispersées, de les réunir en un corps d'ouvrage systématique; et, sous le titre de *Sylloge generum specierumque Cryptogamarum quas in variis operibus descriptas iconibusque illustratas, nunc ad diagnosin reductas, nonnullasque novas interjectas, ordine systematico disposuit* J. F. Camille Montagne, D. M., il publia un volume résumant l'ensemble de ses travaux descriptifs et comprenant 1,684 espèces. On voit que, pendant la période dont nous examinons les travaux et leur influence sur les progrès des sciences, M. Montagne, sans faire de ces grandes découvertes qui se signalent en quelques mots, a contribué sur une très-vaste échelle à nous faire connaître des végétaux peu étudiés jusqu'alors dans les régions éloignées du globe. La précision et la critique qu'il a mises dans l'étude des matériaux qu'il avait à sa disposition permettent d'ajouter à nos *Species* un grand nombre d'espèces étrangères à l'Europe et fournissent ainsi des données plus nombreuses à l'étude de la distribution géographique de ces familles, si différente, à bien des égards, de celle des plantes phanérogames. L'impulsion est donnée, et chaque jour, dans le reste de l'Europe, des travaux analogues à ceux de M. Montagne voient le jour; mais si on se reporte à trente années en arrière, on verra combien ils étaient rares à l'époque où notre savant compatriote est entré dans cette voie.

Nous avons dû examiner les travaux de M. Montagne sur l'ensemble des familles de Cryptogames, sans isoler ce qui se rapporte à chacune d'elles, à cause du caractère général qu'ils offrent et de la forme de flores de ces végétaux sous laquelle se présentent les plus importants d'entre eux. Maintenant passons en revue ces diverses familles, et signalons pour chacune d'elles les progrès dus aux botanistes français.

FOUGÈRES. — Nous ne reviendrons pas sur ce qui concerne, dans cette famille, le mode si singulier de reproduction sexuelle; nous avons déjà indiqué la part des botanistes français dans l'étude des anthéridies et des archégones développées sur les *prothallium* ou frondes primordiales provenant de la germination des spores de ces plantes.

Aucun travail important n'a été publié en France sur d'autres points de l'organisation des Fougères. Nous devons cependant citer des recherches qui établissent les rapports de quelques points de la structure de ces plantes avec leur classification; telles sont les études sur les pétioles des Fougères par M. Duval-Jouve [1].

La disposition des faisceaux vasculaires dans le pétiole des Fou-

[1] Trois fascicules in-8°, 46 pages, 3 planches; Haguenau, 1856-1861.

gères avait déjà été signalée par Gaudichaud comme un bon caractère de certains groupes de cette famille; Presl et quelques autres cryptogamistes avaient insisté également sur ce point de l'organisation des Fougères; mais nos espèces indigènes sur lesquelles ces caractères pouvaient être mieux étudiés avaient été généralement négligées. M. Duval-Jouve, par l'examen d'un grand nombre d'échantillons de chaque espèce a montré la constance de ce caractère dans les diverses formes d'une même espèce, les variations qu'il présentait, au contraire, d'une espèce à l'autre, et l'utilité qu'on pouvait en retirer pour la distinction des espèces.

Au point de vue de la botanique descriptive, nous devons surtout signaler les publications de M. Fée, professeur à la faculté de médecine de Strasbourg.

Dès 1844, M. Fée exposait ses idées sur la classification des Fougères, et, adoptant l'opinion déjà émise par R. Brown et par Blume, et appliquée d'une manière plus générale par Presl et par J. Smith sur l'importance de la nervation pour la distinction des genres de cette famille, il indiquait avec précision toutes les diverses modifications que la distribution des nervures présente dans les frondes de ces plantes, et leurs rapports avec les organes reproducteurs que portent ces mêmes frondes. Dans un second mémoire, il faisait l'application de ces principes au groupe des Acrostichées et à la définition des genres, soit déjà établis, soit créés par lui, que ce groupe renferme. Il y décrivait de nombreuses espèces nouvelles étudiées dans les collections françaises, et donnait de belles figures de la plupart d'entre elles[1].

M. Fée a continué cette publication en 1852, par un fascicule nouveau, comprenant la révision des trois tribus qui suivent celle des Acrostichées.

C'est l'application des mêmes principes à l'ensemble des Polypodiacées, la famille la plus nombreuse de la grande classe des Fou-

[1]. Ces deux premiers mémoires sur les Fougères forment un fascicule in-8°, accompagné de 60 planches.

gères, qui fait l'objet d'un cinquième mémoire et constitue un ouvrage considérable sous le titre de *Genera Filicum*[1]; ouvrage qui comprend non-seulement les caractères des genres, au nombre de 181, que l'auteur admet dans cette famille, mais aussi la description de beaucoup d'espèces nouvelles, observées par lui dans les collections qu'il a eues à sa disposition.

Les Fougères présentent, dans l'ensemble de leur organisation et dans la disposition de leurs organes reproducteurs, des caractères si particuliers que leur classification et les limites des genres doivent reposer sur des règles particulières dont il faut apprécier la valeur. M. Fée fait remarquer que, dans plusieurs cas, on a donné trop d'importance au tégument ou *indusium* qui recouvre les groupes de capsules, qui peut quelquefois disparaître dans des plantes qui le présentent ordinairement ou se montrer dans des espèces qui en sont habituellement dépourvues; il montre également que l'importance attribuée à ce caractère dans la classification peut, dans certains cas, rompre les affinités fondées sur le reste de l'organisation.

L'avantage qu'on a trouvé à introduire les caractères tirés de la nervation dans la distinction des genres de Fougères admis, depuis une trentaine d'années, par beaucoup des auteurs qui se sont occupés de la classification des plantes de cette famille, n'a-t-il pas conduit l'auteur de ce *Genera Filicum* à pousser quelquefois trop loin l'application de ce principe, et à séparer des groupes qui ne diffèrent que par de légères modifications dans le mode de division ou d'union des nervures? Il y a des cas où l'on pourrait dire qu'il y a incompatibilité entre deux modes de distribution des nervures; on ne peut pas concevoir le passage de l'une à l'autre, et ce caractère distinctif est alors excellent. Il en est d'autres où le passage s'établit graduellement et où la différence peut être considérée comme résultant seulement d'une division plus ou moins répétée des nervures; dans ce cas, lorsque d'autres caractères ne viennent pas corroborer

[1] GENERA FILICUM, *exposition des genres de la famille des Polypodiacées*, 1 vol. in-4°, 387 pages, 30 planches.

ceux-ci, on doit les considérer comme bien légers et peu propres à fournir des distinctions génériques. Aussi un botaniste qui fait autorité dans cette partie de la Cryptogamie, M. Mettenius, qui vient d'être enlevé aux sciences d'une manière bien prématurée, a poussé le principe contraire bien plus loin, en n'admettant que comme caractères de section les nombreuses modifications de la nervation dans les espèces du genre *Polypodium*, et en refusant ainsi à ces caractères une valeur qu'on peut avec avantage leur attribuer dans une juste limite.

Ces réserves faites sur quelques parties de l'ouvrage de M. Fée, on doit le reconnaître comme un travail considérable, reposant sur de bonnes observations et accompagnées de figures bien exécutées. Ce *Genera* a été suivi de trois autres fascicules consacrés à la description et à l'iconographie d'espèces nouvelles.

Équisétacées. — Les Prêles ou Équisétacées ont fourni à M. Duval-Jouve, inspecteur d'académie à Strasbourg, le sujet d'une excellente monographie anatomique et spécifique, à laquelle l'Académie des sciences a donné sa plus haute marque d'approbation.

Ce grand travail, qui a été publié en 1863, expose dans tous ses détails l'organisation et toutes les phases du développement des espèces d'Équisétacées croissant en France, depuis la germination des spores jusqu'à la nouvelle production de ces organes.

Beaucoup de faits relatifs à cette famille étaient déjà connus par les nombreux travaux antérieurs dont elle avait été l'objet, et parmi lesquels nous devons citer les observations de M. Thuret sur la germination des spores et sur les anthéridies, et celles de MM. Hofmeister et Milde, en Allemagne, sur l'ensemble de l'organisation de ces plantes.

Ces faits ont été non-seulement vérifiés et comparés par M. Duval-Jouve, mais beaucoup ont été étudiés plus complétement et constatés d'une manière plus certaine, et sur plusieurs points il y a des observations neuves et propres à l'auteur; il montre que les gaînes qu'on a considérées généralement comme représentant les feuilles de ces végétaux diffèrent, à beaucoup d'égards, dans leur mode de développement, de celui de ces organes dans les plantes ordinaires, et ne sauraient leur être complétement assimilées.

Le mode de formation des stomates, leur relation avec le parenchyme vert sous-jacent, lui fournissent des observations neuves; il en est de même de ses recherches sur la production de cette couche siliceuse qui revêt la surface externe de l'épiderme et lui donne cette dureté qui fait servir les tiges de ces végétaux pour le polissage. Le mode de développement des épis de fructification, des sporanges, des spores qu'ils renferment et des singuliers filaments hygroscopiques qui les entourent, a donné lieu à une suite d'observations très-intéressantes et souvent nouvelles.

Enfin la germination des spores, observée sur plusieurs espèces, soit à l'état spontané, soit par des semis faits avec soin, a permis à l'auteur de mieux constater tous les faits relatifs à la formation des *prothallium* ou sporophymes, comme il les nomme, et au développement des anthéridies et de leurs anthérozoïdes, des archégones et de la cellule embryonnaire qui se forme dans leur intérieur.

Il a ainsi suivi le cycle complet de la vie dans ces plantes, si particulières par leur organisation, et ce travail est un des plus complets et des plus parfaits qui aient été exécutés sur ce plan.

Nous devons ajouter que l'étude des espèces qui croissent en France, la distinction des espèces et des variétés, l'examen de leurs stations et de leur mode d'existence, ont été faits avec le même soin. On remarquera surtout la valeur que M. Duval-Jouve a reconnue aux caractères anatomiques que fournissent les tiges et les rameaux pour la distinction et la classification des espèces.

Characées. — Les Characées ont été l'objet d'études physiologiques souvent répétées, soit sur la circulation du liquide contenu dans les cellules cylindriques qui les constituent, soit sur la structure de leurs anthéridies et des anthérozoïdes qu'elles renferment, qui ont donné lieu à tant d'observations intéressantes déjà signalées précédemment. Leur mode de développement et leurs organes végétatifs ont été également le sujet de recherches spéciales.

M. Montagne a fait connaître avec beaucoup de détail le mode d'organisation des sortes de tubercules en forme d'étoile que constituent, dans le *Chara* ou *Nitella stelligera*[1], des cellules remplies de fécule, tubercules qui peuvent servir à la multiplication de cette plante.

M. Durieu de Maisonneuve a signalé la présence de tubercules amylacés, sinon identiques du moins analogues aux précédents, dans une nouvelle espèce de *Chara* des étangs des Landes, qu'il a nommée *Chara fragifera*[2], et il a montré que des tubercules du même genre se présentaient quelquefois dans d'autres espèces. Dans une seconde notice il a indiqué non-seulement des tubercules de deux sortes, se développant sur la même plante, mais des cas assez fréquents où la nucule qui constitue le fruit se tranforme en une bulbille analogue qui remplace le fruit normal.

M. Armand Clavaud, dans une intéressante notice lue à la Société botanique en 1863, s'est occupé d'une manière plus générale de la structure des racines des *Chara* et de leur mode de développement ainsi que des bulbilles amylacées qui peuvent se former sur différents points de leur étendue, en offrant des modifications de structure assez remarquables.

On voit que bien des points de l'organisation de ces singulières plantes ont été étudiés avec soin en France depuis quelques années.

Lycopodiacées. — Un des genres les plus remarquables parmi les plantes cryptogames est le genre désigné sous le nom d'*Isoetes*, que ses caractères rattachent aux Lycopodiacées et aux Salviniées, et qu'un port et un mode de végétation tout spéciaux permettent peut-

[1] *Annales des sciences naturelles*, 3e série, t. XVIII.

[2] *Bulletin de la Société botanique*, t. VI, p. 179; 1859.

être de considérer comme le type d'une famille particulière. Pendant longtemps on n'en a distingué que deux espèces; trois étaient admises en 1843, lorsque Bory de Saint-Vincent en fit connaître quatre nouvelles trouvées en Algérie par M. Durieu de Maisonneuve, et retrouvées depuis lors en France. Depuis cette époque, ce genre est devenu l'objet d'études persévérantes en Allemagne et en France; toutes les parties du globe ont contribué à l'enrichir, et il comprend maintenant plus de trente espèces. En France, un des botanistes qui se sont livrés avec le plus de soin à la bonne définition des espèces de la flore européenne, Jacques Gay, s'était passionné, pendant les dernières années de sa vie, pour l'étude des Isoëtes et de leur distribution géographique. Il a poursuivi leur recherche d'abord dans les petits lacs de l'Auvergne, puis dans ceux du pays de Galles, afin de mieux définir les limites de quelques-unes des espèces de ce genre.

Mais personne dans notre pays ne leur a consacré des études plus consciencieuses que M. Durieu de Maisonneuve, directeur du jardin botanique de Bordeaux et auteur de la première découverte des nouveaux Isoëtes en Algérie; il a fait représenter avec tous leurs caractères les cinq espèces de l'Algérie dans l'*Atlas* de l'exploration scientifique de l'Algérie, et de nombreuses communications à la Société botanique ont montré la persévérance avec laquelle il poursuivait l'étude de ces plantes; mais aucune publication étendue n'en a encore fait connaître les résultats.

Nos jardins botaniques cultivent maintenant plusieurs des espèces de ce genre singulier, et l'étude de leur structure en devient plus facile; c'est ce qui a permis à M. Roze d'examiner les anthérozoïdes de ces plantes, qui offrent d'une manière très-claire l'organisation sur laquelle il a plus particulièrement appelé l'attention des physiologistes.

Les Lycopodiacées proprement dites, *Lycopodium*, *Selaginella*, etc. n'ont donné lieu en France à aucun travail spécial, soit anatomique, soit descriptif, dans la période qui nous occupe.

Mousses. — Si nous passons maintenant en revue les travaux publiés sur la classe des Muscinées, comprenant les familles des Mousses, des Sphagnacées et des Hépatiques, nous verrons que chacune d'elles a été, en France, l'objet de travaux très-importants.

Ceux de M. Schimper, professeur à la faculté des sciences de Strasbourg et correspondant de l'Académie des sciences, occupent le premier rang par leur nombre et leur importance.

En 1855, il terminait la grande publication qui a pour titre : *Bryologia europæa seu Genera muscorum europæorum monographice illustrata,* auctoribus Ph. Bruch, W. Ph. Schimper et Th. Gumbel, commencée en 1837, et poursuivie sans relâche pendant près de vingt ans, à laquelle il avait eu la plus grande part, surtout dans les dernières années, et qui forme quatre forts volumes in-4°, accompagnés de 640 planches, représentant avec la plus grande exactitude les détails d'organisation de toutes les Mousses de l'Europe.

Cet ouvrage est considéré par tous les botanistes comme constituant les bases les plus solides de toutes les études sur les Mousses d'Europe; c'est à lui qu'on rattache nécessairement toutes les déterminations des flores partielles non-seulement de l'Europe, mais des autres parties du globe dans lesquelles les mêmes espèces ou des espèces voisines peuvent se retrouver.

Exécuté et publié à Strasbourg avec un double texte, français et allemand, outre les descriptions latines, par le travail commun de savants français et de savants allemands, il est un heureux exemple de cette union des naturalistes des deux côtés du Rhin.

Mais cet ouvrage, par son étendue même, par le nombre de ses planches, par son prix élevé (600 fr.), ne pouvait être entre les mains que d'un petit nombre de savants; pour satisfaire à une utilité plus générale, M. Schimper en a publié en 1860 un résumé sous le titre de *Synopsis muscorum europæorum, premissa introductione de elementis bryologicis tractante* [1].

Ce *Synopsis* n'est pas seulement le tableau général de la *Bryo-*

[1] Stuttgartiæ, 1860, 1 vol. in-8°, 733 pages et 8 planches.

logia europæa, c'est l'histoire de cette famille, en ce qui concerne les espèces d'Europe, reprise à nouveau, avec l'expérience de vingt années d'étude. La classification, qui avait déjà été considérée dans son ensemble dans un appendice de la *Bryologia europæa*, publié en 1856 sous le titre de *Corollarium Bryologiæ europææ conspectum diagnosticum familiarum, generum et specierum complectens*, y est présentée de nouveau d'une manière méthodique, et il serait bien difficile de ne pas donner une approbation complète à l'œuvre du savant qui a le plus approfondi cette matière; la méthode générale, les rapprochements sont heureux, et la subordination des groupes bien établie; mais les subdivisions secondaires et les genres eux-mêmes ne sont-ils pas trop multipliés et souvent fondés sur des caractères d'une appréciation difficile et d'une définition un peu vague? C'est par la pratique seule qu'on peut apprécier des détails de cette nature, et il est bien difficile de décider quels sont ceux qui ont raison, de ceux qui multiplient les divisions ou de ceux qui réunissent trop de choses sous un même titre. En dehors de cette question de classification, sur laquelle les opinions peuvent varier, le *Synopsis* de M. Schimper renferme, dans une introduction de 156 pages, un exposé complet : 1° de l'organographie et de la morphologie des Mousses; 2° de leur distribution géographique et topographique; 3° des principaux systèmes de classification de cette famille. Cet exposé en langue latine, remarquable par sa clarté et par sa simplicité, comprend l'histoire complète, mais succincte, des Mousses, depuis la germination des spores jusqu'au terme de leur reproduction; c'est un sujet que M. Schimper avait déjà traité en 1848, avec plus de développement et avec de nombreuses figures à l'appui, dans une thèse remarquable pour le doctorat. Cet exposé de 1860 comprend cependant divers faits nouveaux, acquis par la science dans cet intervalle de temps et dont quelques-uns avaient été traités avec plus de détail dans son beau mémoire sur les Sphaignes, dont nous parlerons bientôt. Une des parties remarquables de l'introduction du *Synopsis* est le chapitre très-étendu qui traite des lieux d'habitation et de la géographie botanique des Mousses d'Europe. M. Schimper, qui, dans de nombreux voyages en France, en Allemagne, en Suisse, puis jusque dans les parties septentrionales de la Norwége, d'une part, et, de l'autre, jusque dans les montagnes de la Sierra-Nevada du royaume de Grenade, avait observé sur place la plupart des Mousses de l'Europe et qui avait reçu de ses nombreux correspondants les renseignements les plus précis sur les lieux où croissent ces petites plantes, pouvait mieux qu'aucun autre traiter cette question. Il indique les stations qu'occupent les diverses espèces, celles qui ne se trouvent que dans les régions chaudes de l'Europe, celles au contraire qui sont propres aux régions boréales ou aux parties les plus élevées de nos montagnes. Il montre que les mêmes lois qui régissent la distribution des plantes phanérogames s'appliquent à ces humbles Cryptogames.

Le mémoire sur le genre *Sphagnum,* que nous citions plus haut, est une des monographies les plus parfaites qu'on puisse citer; il a reçu de l'Académie des sciences l'approbation la plus explicite, et a été publié en 1857 dans le *Recueil des savants étrangers.*

C'est en effet une étude complète sur un genre, peu nombreux, il est vrai, en espèces, mais des plus remarquables par son organisation et par sa manière de vivre. Déjà sans doute beaucoup de points de l'organisation de ces plantes singulières avaient été l'objet de recherches intéressantes, mais personne n'avait encore suivi leur évolution dans toutes ses périodes, depuis la germination de leurs spores ou séminules jusqu'au développement de leur fruit et à la formation de ces spores.

Dans son *introduction* M. Schimper rend pleine justice à tous ses devanciers, en traçant l'histoire des travaux dont ces plantes ont été l'objet.

L'organisation de la tige, le développement et la disposition symétrique des feuilles et des rameaux, la structure du tissu de ces organes, qui présentent dans les *Sphagnum* des faits très-particuliers, ont spécialement fixé l'attention de M. Schimper. Les modes divers de germination des spores suivant que cette germination s'opère dans l'eau ou à la surface du sol humide, la structure des anthéridies et des anthérozoïdes, enfin le développement de la capsule et des spores elles-mêmes, fournissent à l'auteur des observations pleines d'intérêt. L'étude comparée des diverses espèces d'Europe complète cette monographie, qu'accompagnent vingt-quatre planches gravées d'après les dessins aussi élégants qu'exacts de M. Schimper.

De l'ensemble de ses observations sur l'organisation de ce genre singulier M. Schimper conclut qu'il forme, à lui seul, une classe distincte, analogue à celle des Mousses et à celle des Hépatiques, et intermédiaire entre elles. Tout en admettant cette conclusion et cette égalité de valeur dans ces trois groupes, nous devons faire remarquer que c'est au groupe de ce degré qu'on applique généralement le mot de *famille* ou celui d'*ordre*, tandis que M. Schimper réserve ce mot de *famille* pour les groupes inférieurs immédiatement placés au-dessus des genres.

Après ces grands travaux sur l'ensemble de la classe des Mousses ou sur quelques-uns de ces groupes les plus importants, nous devons citer quelques recherches plus spéciales.

Nous devons rappeler ici que M. Montagne, dans ses nombreux mémoires qui embrassent toute la Cryptogamie, a fait connaître de nombreuses espèces exotiques de cette famille.

La Société botanique de France a plusieurs fois reçu de MM. Le Dien, Bescherelle et Roze des communications intéressantes sur les Mousses des environs de Paris, qu'il serait difficile de rappeler ici en détail, mais parmi lesquelles cependant nous devons citer les observations de M. Le Dien sur des monstruosités remarquables de l'urne des Mousses[1], qui se lient nécessairement au mode de développement de cet organe et acquièrent par là un plus grand intérêt.

[1] *Bulletin de la Société botanique de France*, 1861, t. VIII, p. 75.

Hépatiques. — Les Hépatiques, bien plus variées que les Mousses dans leur mode de végétation et dans l'aspect de leurs organes reproducteurs, forment cependant une famille très-naturelle par les caractères les plus essentiels des organes de fructification; elles n'ont pas été l'objet de travaux généraux en France dans ces dernières années. Cependant elles ont fourni à M. Thuret plusieurs de ses meilleures observations sur les anthérozoïdes, qui se rapprochent, à quelques égards, plus de ceux des *Sphagnum* que de ceux des Mousses.

La germination des spores de ces plantes avait été à peine entrevue; M. Groenland, dont nous pouvons considérer les travaux comme français, malgré la nationalité de leur auteur, puisqu'ils ont été faits et publiés en France[1], a suivi cette germination avec soin. Ses observations, faites sur un plus grand nombre d'espèces que celles des auteurs qui l'avaient précédé, confirment les différences qui distinguent la germination de ces petites plantes de celle des Mousses, et relèvent diverses erreurs concernant le développement de la fronde primitive à laquelle les spores donnent naissance.

L'étude des genres et des espèces de cette famille a été également l'objet de travaux nombreux répandus dans divers mémoires de M. Montagne, ou faisant le sujet de notices spéciales, parmi lesquelles nous devons citer particulièrement la notice sur le nouveau genre *Riella*[2], d'abord désigné sous le nom de *Duriæa*, dont le mode de vie aquatique s'éloigne de celui de toutes les autres plantes de cette famille.

Dans le courant de cette année (1867), il a paru une dissertation très-intéressante de M. L. Lortet sur une plante de cette famille, le *Pressia commutata*, commune aux environs de Lyon, et qu'il a pu cultiver et étudier avec soin dans toutes les périodes de son existence, depuis la germination des spores jusqu'à la production de ces mêmes organes. Les observations de M. Lortet sur la germination s'accordent avec celles de M. Groenland, et les obser-

[1] *Annales des sciences naturelles*, 4ᵉ série, t. I, p. 5.

[2] *Annales des sciences naturelles*, 3ᵉ série, t. I, p. 228; t. XVIII, p. 11.

vations sur la structure des anthérozoïdes confirment pleinement ce que M. Roze a dit de l'organisation de ces corps et de la vésicule qui les termine postérieurement; mais M. Lortet a été plus loin que les observateurs qui l'ont précédé, quant à l'action directe des anthérozoïdes sur la cellule germinative contenue dans l'archégone; il affirme, en effet, avoir vu ces corpuscules, animés du mouvement rapide qui les caractérise, pénétrer dans le col de l'archégone et venir appliquer la vésicule qui les termine contre la cellule germinative, pour opérer la fécondation.

Ces observations si importantes pour la physiologie des Cryptogames sont résumées par M. Lortet dans son introduction, dans des termes que nous croyons devoir citer :

« Quelques-uns des faits énoncés dans ce travail seront peut-être pour beaucoup difficiles à vérifier. Les phénomènes que nous avons surtout étudiés sont fugaces, et les objets auxquels ils se rapportent sont d'une délicatesse extrême. Une très-longue habitude du microscope et des dissections minutieuses, une patience à toute épreuve, sont surtout nécessaires. Il y a déjà plusieurs années que nous avons entrevu le fait capital de ce travail, la pénétration des anthérozoïdes dans le canal de l'archégone, l'allongement et l'accolement de la vésicule secondaire fécondatrice sur la cellule germinative. Aidé des excellents instruments de MM. Nachet et surtout des nouvelles lentilles à correction et à immersion, nous avons pu contrôler ces faits nombre de fois, et nous espérons qu'ils ne seront pas démentis par les observations futures. Ce que nous avançons, nous croyons l'avoir bien vu, tout en reconnaissant combien, en pareille matière, l'erreur est facile. »

Si les figures qui accompagnent ce mémoire représentent la nature avec fidélité, et nous n'avons aucun motif d'en douter, elles ne laissent aucune incertitude sur les résultats des observations de M. Lortet.

Algues. — Sous le nom général d'Algues, ou de Phycées, employé par quelques auteurs, on comprend un ensemble de végétaux cryptogames très-disparates par leur aspect et même par beaucoup de leurs caractères, mais qui cependant se rattachent les uns aux autres par quelques points importants de leur organisation et par leur mode d'existence dans les eaux douces ou salées.

Ces végétaux ont été l'objet d'études très-nombreuses en France et à l'étranger depuis vingt-cinq ans, et ont révélé quelques-uns des phénomènes les plus intéressants de la vie végétale.

M. Decaisne, par ses belles recherches sur la fructification et la structure des Algues et sur leur application à la classification de cette famille[1], a ouvert cette série de travaux importants : il montra la valeur qu'on doit accorder à l'organisation des corps reproducteurs dans la classification et les groupes naturels auxquels elle peut servir de base, en écartant les caractères, trop généralement admis jusqu'alors, tirés de la structure articulée où continue des frondes et de leur coloration.

A la même époque, ce savant naturaliste, par des observations anatomiques délicates, ramenait au règne végétal d'une manière certaine des productions qu'on avait généralement considérées comme des Polypiers et classées par conséquent dans le règne animal, les Corallines et les genres groupés autour d'elles.

Sans doute, ainsi que M. Decaisne le fait remarquer lui-même, plusieurs naturalistes, à l'époque où il publiait ses recherches sur ce sujet, étaient déjà portés à ranger dans le règne végétal ces êtres que la matière calcaire qui les encroûte avait fait considérer jusqu'alors comme des Polypiers; mais l'étude imparfaite de leur structure et surtout de leurs organes de fructification avait fait considérer par ces naturalistes eux-mêmes leur état d'incrustation comme un caractère qui les rattachait à un même groupe. M. Decaisne, au contraire, a montré que non-seulement ces prétendus Polypiers étaient de véritables Algues, mais qu'ils se rapportaient à diverses

[1] *Archives du Muséum*, t. II, p. 89; 1841. — *Annales des sciences naturelles*, 2e série, t. XVII, p. 297; 1842.

familles de cette classe. L'énumération méthodique des genres et des espèces autrefois classés parmi les Polypiers complète ce travail.

Peu de temps après la publication de ces travaux de M. Decaisne, en novembre 1842, M. Chauvin, professeur à la faculté des sciences de Caen, publiait comme thèse une suite de dissertations sur plusieurs groupes d'Algues et sur les prétendus Polypiers calcifères.

Les six dissertations sur les Algues ont pour objet l'organisation de diverses Algues, sur lesquelles les botanistes n'étaient pas d'accord, et surtout la nature des organes de la fructification de ces plantes; mais, en dehors de quelques faits particuliers, ces observations n'apportèrent pas de changements importants aux idées introduites dans la science par M. Decaisne, idées que M. Chauvin admet d'une manière générale, tout en n'étant pas d'accord avec lui sur quelques points particuliers. Dans sa dissertation sur les Corallinées et autres Algues incrustées, l'auteur admet également les conclusions établies par M. Decaisne en 1841, sur la nature végétale de tous ces êtres et sur leur similitude avec certains groupes de cette grande famille, tout en différant sur quelques points de leur classification.

Peu d'années après ses premiers travaux sur ces végétaux, en 1844, M. Decaisne, poursuivant ses recherches sur les Algues avec le concours de M. Thuret, alors au début de ses études sur cette famille, présentait à l'Académie des sciences un mémoire important sur les organes fécondateurs des Fucacées. Ces deux botanistes, reprenant des études qui remontaient à Réaumur, mais qui avaient été toujours mal interprétées dans les temps les plus modernes, montraient que ces plantes, comme les Cryptogames supérieures, possédaient des organes destinés à féconder les germes reproducteurs; que ces organes, signalés par divers auteurs, n'étaient pas, comme le pensaient encore à cette époque les algologues les plus distingués, tels que MM. Agardh et Montagne, une seconde forme d'organes reproducteurs, des sortes de zoospores, mais des anthérozoïdes ou spermatozoïdes, renfermés, comme les anthérozoïdes, bien connus depuis longtemps, des Mousses et des Hépatiques, dans des anthéridies d'une forme spéciale; ils constataient que les mouvements aperçus dans ces petits corps étaient dus à des cils d'une extrême ténuité, offrant toujours la même disposition; enfin, ils s'assuraient que jamais ces petits êtres n'offraient de trace de germination, qu'ils se détruisaient promptement après avoir cessé de se mouvoir et ne pouvaient ainsi être comparés aux zoospores des Conferves et des Ulves, dont M. Decaisne avait formé son groupe des Zoosporées. Ce n'est que plus tard cependant, que des expériences directes vinrent mettre hors de toute contestation l'exactitude du rôle que ces savants attribuaient à ces corpuscules, et permirent d'affirmer qu'ils étaient de véritables anthérozoïdes.

Le mode de formation des spores suivi par les mêmes naturalistes leur démontra que ce qu'on avait généralement considéré comme les spores de ces végétaux était des sporanges, renfermant une masse protoplasmique, qui, suivant les plantes qu'on étudiait, restait simple ou se partageait en deux, en quatre ou en huit spores distinctes. Sur ce caractère, joint à la disposition relative des sporanges et des anthéridies, ils divisèrent le genre *Fucus*, tel qu'il était admis à cette époque, en quatre genres différents, acceptés depuis lors par tous les botanistes.

Déjà, l'année précédente, M. Thuret avait publié, sur les organes locomoteurs des spores de certaines Algues, des observations pleines d'intérêt. Le mouvement de ces corps reproducteurs qui les a fait désigner sous le nom de *zoospores*, et qui est devenu le caractère de tout le groupe des Zoosporées, n'avait été qu'entrevu pendant longtemps, et il suffit de se reporter à quarante ou cinquante ans en arrière, pour se rappeler tous les doutes qui régnaient alors sur l'existence même de ces mouvements, que leur peu de durée avait souvent soustraits à l'observation.

On doit reconnaître que Bory Saint-Vincent, en insistant[1] sur

[1] En 1822, dans le *Dictionnaire classique d'histoire naturelle*, art. ARTHRODIÉES.

ce caractère remarquable des corps reproducteurs des Conferves, dont il avait formé sa famille des Zoocarpées, a appelé l'attention sur des phénomènes qui avaient été à peine entrevus et dont il a bien décrit les traits les plus essentiels.

En 1840 cependant, l'existence de spores vertes se mouvant avec rapidité dans l'eau pendant quelques heures avant de se fixer pour germer était un fait bien constaté dans un assez grand nombre de Conferves et de genres voisins; mais on ignorait la cause de ce mouvement. M. Thuret, qui avait découvert les cils moteurs des anthérozoïdes des *Chara*, reconnut que le mouvement des spores des Confervées était également dû à des cils vibratiles, tantôt réunis, au nombre de deux ou de quatre, vers l'extrémité aiguë et transparente qui se dirige en avant, tantôt formant une couronne autour de cette extrémité ou couvrant toute la surface de la spore[1].

Cette structure et les phénomènes de mouvement, ainsi que l'action de divers réactifs sur ces corps, sont parfaitement décrits par M. Thuret, dont les résultats ont été confirmés par tous les observateurs postérieurs.

L'existence de corps doués de mouvements spontanés, produits par les végétaux et servant à leur reproduction, soit comme véritables germes reproducteurs, soit comme agents fécondateurs, était donc mise hors de doute; la cause même de ces mouvements, c'est-à-dire la présence de cils vibratiles, était même constatée et donnait à ces petits corps une analogie singulière avec les animaux infusoires dont il était quelquefois difficile de les distinguer.

Mais il restait bien des points à étudier, soit pour s'assurer de la généralité de ces phénomènes, soit pour déterminer leurs diverses modifications et l'influence des circonstances extérieures.

L'Académie des sciences pensa que c'était un des sujets les plus dignes des recherches des naturalistes, et en 1845 elle le choisit

[1] *Recherches sur les organes locomoteurs des spores des Algues*, par M. Gustave Thuret. (*Ann. des sciences nat.* 2e série, t. XIX, p. 266, pl. X-XV; 1843.)

pour le grand prix des sciences physiques à décerner en 1847. Le programme tracé à cette époque indiquant d'une manière sommaire l'état de la science à ce moment, relativement à ce sujet, et le but à atteindre, nous allons le reproduire ici :

« On a signalé déjà depuis longtemps des mouvements de translation rapides dans les corps reproducteurs de certaines Conferves ; « plus récemment, ces faits ont paru acquérir plus de généralité et « ont même été considérés comme un des caractères de la division « des Algues désignée sous le nom de *Zoosporées ;* enfin de nouvelles « recherches ont démontré dans plusieurs de ces corps la présence « de cils vibratiles.

« D'un autre côté, les organes que beaucoup de botanistes ad« mettent comme les analogues des anthères ou des grains de pol« len parmi les Cryptogames, et qui sont désignés, par cette raison, « sous les noms d'*anthéridies* ou de *pollinides*, ont offert, dans les « *Chara,* les Mousses, les Hépatiques, et tout récemment dans les « Fucacées, de petits corps de formes diverses, doués de mouve« ments très-rapides après leur sortie des conceptacles qui les « renferment, et dont les mouvements paraissent aussi dus à des « cils vibratiles très-déliés.

« Il serait très-intéressant pour la science de constater la généra« lité et de compléter l'étude de ces faits remarquables, qui mon« trent dans le règne végétal l'existence temporaire de mouvements « spontanés de translation analogues à ceux des animaux les plus « simples.

« On propose donc pour sujet du grand prix des sciences natu« relles pour 1847 :

« *L'étude des mouvements des corps reproducteurs ou spores des Algues « zoosporées et des corps renfermés dans les anthéridies des Cryptogames, « telles que* Chara, *Mousses, Hépatiques et Fucacées.*

« Les concurrents devront étudier, sur le plus grand nombre « possible d'espèces différentes, ces deux sortes de corps, d'abord « dans l'intérieur du végétal aux diverses époques de leur formation,

« puis à l'état de liberté après leur sortie de la plante qui les a « produits, jusqu'à leur germination pour les premiers, et jusqu'à « leur destruction pour les seconds.

« Ils devront constater par tous les moyens que fournit le micros- « cope, joint à l'emploi de divers réactifs, la structure de ces corps, « la disposition des cils qu'ils présentent, la nature de leurs mouve- « ments et les changements qu'ils éprouvent aux diverses périodes « indiquées ci-dessus.

« Ils rechercheront si diverses circonstances, telles que la nature « et l'intensité de la lumière, la chaleur et quelques agents chi- « miques, modifient ces phénomènes.

« Les concurrents devront aussi examiner si beaucoup de corps « considérés jusqu'ici comme des animalcules infusoires, surtout les « corps colorés en vert, et agissant sur l'air atmosphérique comme « les parties vertes des végétaux, ne seraient pas, soit des végétaux « parfaits, soit des parties de végétaux douées temporairement « d'une mobilité analogue à celle des animalcules infusoires pro- « prement dits.

« Quant aux corps contenus dans les anthéridies, on invite les « concurrents à déterminer par des expériences directes si le rôle « d'organes fécondateurs qu'on leur attribue est réel. Les espèces de « *Chara*, de Mousses, d'Hépatiques et d'Algues, dans lesquelles ces « corps sont portés sur des individus différents de ceux qui pro- « duisent les spores ou véritables séminules, pourraient conduire à « des résultats positifs.

« Enfin, on les invite à diriger également leurs recherches sur « les autres familles de Cryptogames, telles que les Fougères, les « Lycopodes, les Lichens, les Champignons et les autres familles de « la classe des Algues, dans lesquelles, jusqu'à ce jour, de véritables « anthéridies n'ont pas été observées, afin de tâcher d'y découvrir « des organes dont l'analogie semble indiquer l'existence.

« Lors même que ce sujet ne serait pas traité sous tous les « points de vue indiqués ci-dessus, l'Académie pourrait néanmoins

« accorder le prix à celui des concurrents qui aurait résolu d'une « manière satisfaisante quelques-unes des parties de la question « proposée. »

A la suite de ce concours, trois mémoires furent adressés à l'Académie; deux d'entre eux furent jugés dignes d'un premier et d'un second prix, et nous ne pouvons mieux faire connaître l'importance des travaux des savants auxquels ils furent décernés, qu'en transcrivant ici quelques parties du rapport d'Adrien de Jussieu qui les concerne.

Après avoir rappelé l'énoncé de la question et exposé les motifs qui ont dû faire écarter le mémoire inscrit sous le numéro 1, le rapporteur s'exprime ainsi :

« Il n'en est pas de même du mémoire inscrit sous le numéro 2 (mémoire de MM. Derbes et Solier), ayant pour épigraphe : *Dans l'étude des phénomènes de la vie, les plus belles découvertes ne peuvent que reculer la difficulté; la vie elle-même sera toujours un mystère.* L'auteur a compris nettement la question : il sait le point d'où il doit partir, celui auquel il doit tendre.

« C'est presque exclusivement sur les Algues, dans l'étude desquelles il paraît profondément versé, qu'ont porté ses observations, et il est aisé de voir que, pour les Algues marines, elles ont été faites sur les bords de la Méditerranée.

« Il commence par exposer une classification générale des Algues, fondée sur les caractères de la reproduction, et c'est d'après cet ordre, qui lui est propre, qu'il examine successivement quatre-vingts espèces environ, appartenant à une quarantaine de genres. Chacune est décrite complétement, surtout pour ces organes qu'il s'agissait d'étudier et que l'auteur suit dans toutes les phases de leur développement, nommant *sporozoïdes* (*zoospores* du mémoire imprimé) les spores douées de mouvement dont la nature est constatée par leur germination après que ce mouvement s'est arrêté; *spermatozoïdes* (*anthérozoïdes* du texte imprimé) les corps, également mobiles, renfermés dans les anthéridies et assez ressemblants aux précédents, mais non susceptibles de germer. Ces descriptions, extrêmement détaillées, sont illustrées par un atlas de trente-huit planches, renfermant un nombre considérable de figures en couleur, pour chacune desquelles le grossissement est soigneusement indiqué.

« Le texte ainsi que les peintures témoignent une bonne foi remarquable, ainsi qu'un grand talent d'observation. On sent que l'auteur a vu ce qu'il a représenté et jamais représenté plus qu'il n'a vu; éloge qu'on ne peut accorder indifféremment à tous les travaux microscopiques. Ce qui manque à celui-ci devient donc presque une garantie de ce que l'on y trouve, et l'on y trouve beaucoup. Il fournira des matériaux neufs et nombreux pour l'histoire des Algues, notamment des Floridées, dont les anthéridies et les spermatozoïdes n'étaient pas alors connus. Ces anthéridies, qui se présentent en général sur des frondes différentes des tétraspores et des polyspores, sont des vésicules avec un axe médian ou latéral, chargé d'utricules, dont chacune produit un spermatozoïde qui devient libre par la dissolution du tégument utriculaire.

« Les organes du mouvement ou cils vibratiles des spermatozoïdes ont pu être observés dans un grand nombre, ainsi que ceux des spores de la plupart des autres Algues, et celles-ci suivies dans tous les changements successifs de leur singulière existence, depuis l'état de matière amorphe, aux dépens de laquelle elles s'organisent, jusqu'à la période où elles deviennent libres et se meuvent à la manière d'animalcules, et enfin jusqu'à celle où ceux-ci s'immobilisent, germent et reproduisent le végétal qui leur a donné naissance. L'auteur a donc satisfait à une partie du programme tracé par l'Académie.

« L'auteur ne propose qu'avec un doute prudent son opinion sur le rôle que jouent les spermatozoïdes dans la reproduction, rôle qu'on n'a pu constater par l'observation directe et qu'on ne peut conclure que du raisonnement, parce que leur constance indique l'organe d'une fonction importante et qu'on ne saurait guère leur en assigner d'autre.

«Dans le mémoire n° 3, ayant pour épigraphe : *Non fingendum aut excogitandum, sed inveniendum,* l'auteur (M. Thuret) a pris pour sujet de ses études les Algues d'eau douce de nos environs et les Algues marines de la Manche; il a suivi exactement le programme tracé par l'Académie, et divisé son travail en deux parties, consacrées, l'une à l'étude des spores des Algues et de leurs mouvements, l'autre à celle des corps renfermés dans les anthéridies d'un certain nombre de familles cryptogames.

«Dans l'une comme dans l'autre, il commence par un exposé historique, aussi concis qu'exact, des connaissances acquises sur son sujet et établit ainsi nettement le point de départ, puis fait connaître toutes les observations qui lui sont propres. Pour les spores des Algues zoosporées, qu'il nomme *zoospores*, elles portent sur trente-quatre espèces. Comme l'auteur du mémoire n° 2, il étudie ces zoospores, d'abord dans l'intérieur du végétal aux diverses époques de leur formation, puis à l'état de liberté, après leur sortie de la plante qui les a produits, jusqu'à leur germination; mais ici l'observation est portée plus loin, et le caractère de netteté et de précision si désirable dans les recherches microscopiques s'y présente au plus haut degré, soit par l'emploi d'un instrument plus parfait, soit par son maniement plus habile. C'est par ces qualités que se font remarquer la détermination des points par lesquels les zoospores s'échappent et de la manière dont se forment ces petites ouvertures; la description de ces zoospores et surtout de leurs organes locomoteurs ou cils, dans le nombre et la disposition desquels l'auteur a constaté une constance propre à caractériser ou l'espèce, ou souvent le genre, et quelquefois même des groupes plus élevés.

«Les exceptions mêmes qu'il signale peuvent mettre sur la voie de découvertes nouvelles. En effet, il a vu dans plusieurs de ces Algues deux sortes de corps mobiles, les uns plus gros, et que leur germination ultérieure fait reconnaître à coup sûr pour des spores véritables et parfaites, les autres renfermés dans des cavités séparées, plus petits, réduits à deux cils, même quand les plus gros en ont un nombre double, et qu'il n'a jamais pu voir germer. Il se demande si ce ne seraient pas les produits des anthéridies, que, jusqu'à présent, on n'a pu découvrir dans ces mêmes Algues.

« A ces exceptions près, il a trouvé une constance remarquable tant dans la structure que dans le nombre des cils vibratiles, pour lesquels il indique cinq combinaisons. Il a étudié avec soin leurs mouvements, que détermine celui des cils battant l'eau, et ceux-ci, lorsque dans la plus grande activité de la vie ils s'agitent avec une extrême rapidité, s'aperçoivent très-difficilement; mais alors il s'est aidé d'un moyen très-ingénieux, substituant à l'eau pure une infusion colorée où ils se voient mieux et dont les molécules en suspension, déplacées par le battement des cils, en indiquent le jeu.

« Ils deviennent beaucoup plus nettement visibles au moment où leur mouvement se ralentit ou s'arrête. Or l'auteur a pu déterminer à volonté ce ralentissement par l'action de l'extrait aqueux d'opium ou de l'eau iodée; cet arrêt par l'action de l'iode, de l'alcool, de l'ammoniaque, des acides, etc. est dû à la cessation même de la vie; les zoospores qu'on y a soumis ne sont plus susceptibles de germer.

« Ils paraissent constitués par une matière demi-solide et homogène; l'absence d'un tégument se manifeste directement quand plusieurs se fondent ensemble par quelque point de leur surface, ou quand, au contraire, un seul vient à se rompre en plusieurs; l'auteur le prouve encore par l'action de l'ammoniaque, qui détermine leur décomposition avec diffluence, ainsi que cela a lieu pour les infusoires les plus simples. Mais ce n'est que dans leur premier âge: la spore germant se revêt promptement d'une membrane.

« L'influence de la lumière sur les mouvements des zoospores semble incontestable; la plupart, et ce sont les plus actifs, se portent généralement vers elle sur les parois du vase qui les contient. Cependant d'autres semblent la fuir au contraire; d'autres enfin y restent indifférents. On remarque des diversités notables à cet égard dans les divers genres ou espèces.

« On a de plus noté en quelque sorte le réveil des zoospores. C'est vers les premières heures du jour, mais non à la même pour des espèces différentes, que leur émission a lieu, et, suspendue par des jours obscurs, elle en attend un clair pour se manifester. Or cette émission est due en partie à la mise en mouvement des zoospores, quoique l'auteur croie y reconnaître en outre une autre cause, la présence sur les parois du tube d'un liquide incolore et dense dans lequel ils nagent. La durée des mouvements se borne à quelques heures et dépasse rarement la journée, quoique le contraire puisse arriver; l'auteur cite un cas où il en a vu encore le troisième jour, maximum qu'il ait observé.

« Une chaleur modérée favorise le mouvement et, en général, la vie des zoospores; une grande chaleur y nuit en déterminant une prompte décomposition.

« Enfin il examine quelques animaux infusoires qui offrent avec ces zoospores une très-embarrassante ressemblance, notamment les *Diselmis* et les *Euglena;* elle est telle qu'il est difficile d'établir entre les uns et les autres dans la période de leur activité, et par conséquent entre les deux règnes, une différence tranchée. Cette différence ne se manifeste qu'à une observation patiente, en la suivant dans les diverses phases de leur vie et constatant leur mode différent de propagation. Mais dans aucun cas il n'a vu les uns passer aux autres, ni constaté aucune de ces prétendues transformations sur lesquelles on a fondé des théories qu'il repousse. »

En ce qui concerne les anthéridies et les anthérozoïdes, nous n'emprunterons au rapport que ce qui concerne les Algues :

« Dans les Fucacées, les anthéridies et les phytozoaires (anthérozoïdes) présentent une forme toute différente. Les premières sont des sacs simples ou doubles, portés sur des tubes garnissant des cavités superficielles ou conceptacles, soit concurremment avec les sacs sporifères, soit seuls, de telle sorte qu'en admettant la sexualité de ces deux organes, on aurait ici, comme dans les Phanérogames, les sexes tantôt réunis dans le même appareil, tantôt dissociés. Le même sac ou utricule renferme un grand nombre de phytozoaires, dont la forme est celle d'un ovoïde ou d'une bouteille, avec deux cils, l'un antérieur, l'autre postérieur, et ayant un rapport fixe de position avec un granule rougeâtre situé vers le milieu du corps. Cette forme est précisément celle des zoospores de beaucoup d'Algues marines; mais il est à remarquer que, dans celles où l'on observe ces phytozoaires, les spores ne sont pas mobiles et ont une forme entièrement différente.

« L'auteur a soumis ces anthérozoïdes à l'action de divers réactifs, qui s'est trouvée la même que sur les zoospores; la lumière paraît aussi exercer sur eux une influence analogue. Il existe donc entre les uns et les autres des rapports qui tendraient à les faire considérer comme deux états différents des mêmes corps; mais la destination des zoospores est bien constatée, puisqu'on peut la suivre jusqu'à la germination, qui les développe en une plante semblable à celle qui les a produits, tandis que celle des anthérozoïdes voile un mystère. Il n'a jamais pu les voir germer, et ils disparaissent plus ou moins promptement.

« La fonction d'organes mâles, attribuée généralement depuis Hedwig aux anthéridies, n'a d'autres preuves jusqu'ici que leur présence à peu près constante auprès des autres organes reproducteurs dont la nature est mieux connue et qui ne paraissent se développer qu'en même temps et à côté d'elles, d'où l'on a conclu que c'était par leur concours.

« Mais ce concours n'a pu être constaté par l'observation directe, ce qui s'explique facilement quand il s'agit de suivre des corps aussi mobiles et aussi petits.

« Quoi qu'il en soit, on voit que l'auteur du mémoire n° 3 (M. Thuret) a satisfait au programme et rempli toutes les instructions que la Commission qui l'avait rédigé avait cru devoir joindre à son simple énoncé, sauf la détermination du rôle d'organes fécondateurs attribué aux anthéridies et leur découverte dans les Lycopodes, les Champignons et les Lichens.

« Ce mémoire est accompagné d'un magnifique atlas de quatre-vingt-six planches. »

A la suite de ce rapport, le prix fut décerné à M. Thuret, auteur du mémoire n° 3; mais un second prix, sur la proposition de la Commission, fut accordé à MM. Derbes et Solier.

Ces deux mémoires se complétaient en effet à quelques égards. Les observations de M. Thuret, beaucoup plus étendues, surtout en ce qui concerne les anthérozoïdes des Cryptogames supérieures et ceux des Fucacées, plus complètes aussi pour les zoospores des Algues, qu'il nomme *Phœosporées*, faisaient complétement défaut dans le mémoire envoyé au concours, en ce qui regarde les anthérozoïdes des Floridées. Ce n'est que plus tard, et lors de la publication de ses recherches sur les zoospores des Algues et les anthéridies des Cryptogames, en 1851 [1], qu'il y a ajouté des observations sur plusieurs de ces plantes.

MM. Derbes et Solier, qui ont à peine effleuré ce qui a rapport aux anthérozoïdes des Cryptogames acrogènes, ont eu au contraire le mérite d'avoir observé avec beaucoup de soin les corps de cette nature dans le vaste groupe des Floridées, où ils avaient été à peine entrevus.

Leurs observations concordent dans leur ensemble avec celles qui ont été faites, quelques années après, par M. Thuret sur le même sujet, mais elles en diffèrent cependant dans un point très-essentiel. MM. Derbes et Solier assurent que les petits corpuscules sortis des anthéridies des diverses espèces de Floridées qu'ils ont observées se meuvent dans le liquide dans lequel ils se sont répandus, et présentent un cil ou appendice flagelliforme qui détermine ce mouvement.

M. Thuret, qui a repris ces recherches après eux sur les mêmes plantes ou sur des espèces voisines, et qui a cherché à constater ces phénomènes, affirme qu'il n'a jamais observé ni mouvement ni

[1] *Annales des sciences naturelles*, 3e série, t. XIV, p. 214; t. XVI, p. 5.

cils; il suppose que des monades mêlées aux anthérozoïdes ont été la cause des mouvements signalés par MM. Derbes et Solier.

De nouvelles observations étaient nécessaires pour résoudre cette question intéressante, car les observations des botanistes de Marseille portent sur un assez grand nombre de plantes et sont assez affirmatives pour que leur erreur fût difficile à admettre, et, d'un autre côté, le talent de M. Thuret pour les observations délicates de cette nature permettait difficilement de supposer que ces phénomènes pussent lui échapper. De nouvelles recherches de M. Thuret sont en effet venues confirmer ses premières observations.

Après ce concours intéressant, l'étude des Algues n'est pas restée stationnaire, et tandis qu'en Allemagne les Algues d'eau douce devenaient surtout l'objet des études biologiques de MM. Alex. Braun, Pringsheim, Cohn, de Bary, etc.; en France, les Algues marines étaient surtout le sujet des recherches de nos botanistes.

M. Thuret, poursuivant ses observations sur les Algues de nos côtes, soumit à des expériences précises le rôle des anthérozoïdes des Fucacées. Profitant de la séparation des anthéridies et des sporanges sur des individus différents dans quelques plantes de cette famille (*Fucus vesiculosus*, *Fucus serratus*, *Ozothallia vulgaris*), qui sont de véritables végétaux dioïques, il constata que les spores sorties des sporanges et maintenues dans de l'eau de mer, sans mélange d'anthérozoïdes, ne germaient pas et se décomposaient au bout de quelques jours; que les anthérozoïdes échappés des anthéridies et séparés des spores se mouvaient avec rapidité dans ce même liquide pendant environ vingt-quatre heures, puis cessaient leur mouvement et s'altéraient rapidement; qu'au contraire, si l'on réunissait dans de l'eau de mer les anthérozoïdes et les spores, les premiers se rapprochaient des spores, les entouraient souvent et, par leur contact, déterminaient un mouvement de rotation rapide des spores, dont la constitution se modifiait et qui devenaient alors un germe doué d'une vie propre et dont la germination commençait bientôt.

Ces phénomènes de fécondation directe des spores, jusqu'alors stériles, par les anthérozoïdes engagèrent M. Thuret à tenter des fécondations croisées entre les trois espèces dioïques que nous avons citées plus haut. Malgré l'apparence absolument semblable des anthérozoïdes de ces plantes, et quoique les phénomènes visibles se passassent exactement comme nous venons de les décrire dans la fécondation des spores par les anthérozoïdes de la même espèce, il n'y eut jamais de fécondation accomplie pour les spores des *Fucus serratus* et *Ozothallia vulgaris* par les anthérozoïdes des autres espèces : elles se décomposèrent bientôt sans germer. Au contraire, les spores du *Fucus vesiculosus*, mises en contact avec les anthérozoïdes du *Fucus serratus*, donnèrent lieu à quelques spores fertiles qui commencèrent à germer. Ce fait curieux permettrait-il d'admettre la création d'hybrides entre ces espèces, et serait-il l'origine, comme M. Thuret le fait remarquer, des nombreuses variétés que présente le *Fucus vesiculosus*, comparativement à la stabilité des autres espèces?

Ces faits, si intéressants pour l'histoire de la fécondation chez les végétaux en général, furent communiqués à l'Académie des sciences dans sa séance du 25 avril 1853[1].

L'auteur les a développés et complétés par de nouvelles expériences publiées en 1854[2]. Il a répété ses essais de fécondations croisées en ajoutant l'*Himanthallia lorea* aux espèces qui avaient servi à ses recherches, et il est arrivé encore au même résultat, les spores du *Fucus vesiculosus* étant les seules qui aient été fécondées par des anthérozoïdes étrangers et seulement par ceux du *Fucus serratus*.

Mais l'emploi de réactifs propres à mieux apprécier la nature des matières qui constituent les anthérozoïdes et les spores l'ont conduit à un résultat d'une grande importance[3]. M. Thuret avait

[1] *Comptes rendus*, t. XXXVI, p. 745.

[2] *Annales des sciences naturelles*, 4e série, t. II, p. 197.

[3] *Annales des sciences naturelles*, 4e série, t. VII, p. 34.

déjà fait remarquer que les spores des Fucacées, avant la fécondation, étaient une masse de matière granuleuse, visqueuse, offrant des caractères constants, mais qu'aucune membrane ne limitait et dont une légère pression pouvait disjoindre les divers éléments. Plus tard, lorsque la spore se développe par la germination, une membrane bien apparente la limite; or cette membrane, d'abord très-mince, apparaît au moment même où la fécondation s'opère: elle est le premier résultat visible de cet acte. Il suffit du contact des anthérozoïdes avec la spore pendant quelques minutes pour que le mouvement de rotation rapide imprimé à ce corps, et si bien décrit par M. Thuret, cesse, et pour qu'une membrane se forme à sa surface; au bout de huit à dix minutes, on peut, par l'emploi de divers réactifs, constater la présence de cette membrane et sa nature cellulosique.

Les deux mémoires de M. Thuret, dont nous venons de citer les résultats les plus importants, complètent, en ce qui concerne les Fucacées, son grand travail sur les zoospores et les anthéridies; et, au point de vue physiologique, ils ont cette grande importance de nous montrer sur le porte-objet du microscope les résultats du contact des corpuscules fécondants avec le germe qui doit être vivifié par ce contact, phénomènes qui, dans la plupart des autres végétaux, se passent dans la profondeur des tissus et ne pourraient être soumis à notre observation que par des dissections, qui, en altérant les organes, interrompent nécessairement leurs fonctions.

Les observations faites pendant les mêmes années en Allemagne sur des Algues d'eau douce (*Vaucheria, Œdogonium, Sphæroplea*) conduisent aux mêmes conclusions, c'est-à-dire que la formation d'une membrane cellulosique autour du germe embryonnaire est le premier résultat du contact des corpuscules fécondants.

Quel est le mode d'action de ces corpuscules? Fournissent-ils une matière spéciale s'unissant au germe non fécondé, pour lui donner l'activité vitale? Agissent-ils par leur simple contact? C'est une question peut-être insoluble.

A la suite de ses observations sur la fécondation des Fucacées, M. Thuret a complété son mémoire du concours de 1847 par de nouvelles études sur les anthéridies des Dictyotées et des Floridées, qu'il n'avait pas examinées à cette époque, mais dont il avait fait connaître plusieurs exemples parmi les Floridées, lors de la publication de ce travail en 1851.

Dans un nouveau mémoire, publié en 1855, il décrit les anthéridies des Dictyotées, qu'il avait observées dans les diverses phases de leur développement sur le *Dictyota dichotoma*, et il confirme, par l'observation d'un grand nombre d'espèces de Floridées, la différence qu'il avait déjà signalée entre les anthérozoïdes de ces plantes et ceux des Fucacées. Ceux qu'il décrit ici, soit dans les Dictyotées, soit dans les Floridées, sont en effet, suivant lui, dépourvus de mouvement et de cils moteurs, et ses observations diffèrent en cela, comme nous l'avons déjà dit, de celles de MM. Derbes et Solier, qui attribuaient à ces petits corps un appendice flagelliforme et des mouvements distincts.

L'action fécondatrice de ces corpuscules n'avait pas pu alors être constatée par des expériences directes, et même les observations de M. Thuret sur la germination des spores des Floridées indiquaient que cette germination pouvait s'effectuer sans le contact des anthérozoïdes, qui par cela même ne paraissaient pas agir comme ceux des Fucacées; mais, d'un autre côté, l'existence, maintenant reconnue dans un si grand nombre de genres et d'espèces de cette famille, de ces anthéridies rendait difficile de ne pas leur accorder un rôle important dans la vie de ces plantes, et l'analogie de leur mode de formation les assimilait nécessairement aux anthéridies des autres Algues.

Ces présomptions ont été pleinement justifiées par les recherches poursuivies avec tant d'opiniâtreté et de talent par M. Thuret, auquel s'est associé son ami et collaborateur, M. Bornet, déjà connu par d'excellents travaux qui lui sont propres. En effet, après dix ans d'études sur ce sujet, ces deux habiles observateurs annonçaient à l'Académie des sciences, dans la séance du 10 septembre 1866, qu'ils avaient enfin découvert la manière dont la fécondation s'opère dans les Floridées[1]; et, quelque temps après, ils publiaient, avec plus de détails et avec les figures nécessaires pour l'intelligence d'une question des plus difficiles, les principaux résultats de leurs observations[2].

On sait que les Floridées présentent généralement deux modes de formation des spores, qu'on a désignés sous les noms de *fructification tétrasporique* et de *fructification cystocarpique;* c'est à cette dernière seulement que se rapporte la fécondation par les corpuscules sortis des anthéridies, observée dans beaucoup de genres appartenant aux diverses tribus de Floridées.

Les deux savants botanistes auxquels on doit cet important résultat, après avoir rappelé les recherches infructueuses faites précédemment sur ce sujet et avoir donné le détail de leurs observations, arrivent aux conclusions suivantes :

« Il résulte des faits exposés dans ce mémoire que l'appareil de fécondation des Floridées consiste en un petit corps celluleux terminé par un poil uniloculaire ou *trichogyne.* La fécondation est produite par la copulation des corpuscules des anthéridies avec ce trichogyne et a pour conséquence le développement du fruit capsulaire ou cystocarpe.

Sous ce rapport, toutes les plantes que nous venons d'examiner sont soumises à la même loi et présentent les mêmes phénomènes, mais l'uniformité ne va pas plus loin. La fécondation n'agit pas toujours de même sur la formation du fruit, et il semble que l'on peut dès à présent distinguer trois modifications principales dans la manière dont cette action s'exerce. Elle est à peu près directe dans les Némaliées, où le cystocarpe naît à la base même du trichogyne. Dans les autres tribus, au contraire, les cellules destinées à

[1] *Comptes rendus de l'Académie des sciences,* t. LXIII, p. 444.

[2] *Recherches sur la fécondation des Floridées,* par MM. Bornet et Thuret. (*Annales des sciences naturelles,* 5e série, t. VII, p. 137; 1867.)

la formation des spores sont distinctes des cellules trichophoriques et ne reçoivent qu'indirectement l'influence de la fécondation. Cette action est plus indirecte encore dans les *Dudresnaya*, où l'appareil d'imprégnation est complétement isolé de l'appareil fructifère et où il faut, pour ainsi dire, deux fécondations successives pour arriver à la production du fruit.

« Quoique ces observations ne portent encore que sur un petit nombre de genres, eu égard à tous ceux qui restent à étudier, nous croyons cependant qu'elles embrassent assez de types différents pour que l'on ne puisse conserver de doutes sur la véritable nature de l'organe femelle des Floridées. Les fonctions du trichogyne sont trop évidentes pour qu'on se refuse à y voir un organe d'imprégnation, et il semble probable que, dans toutes les espèces qui possèdent la fructification capsulaire, la naissance du cystocarpe doit être précédée de quelque formation analogue à celles que nous venons de décrire.

« Le mode de fécondation des Floridées diffère essentiellement de tous ceux qu'on connaît dans d'autres Algues. Aucune analogie, même éloignée, ne semble le rattacher à ceux qu'on a observés jusqu'ici. On s'étonnera peut-être de trouver de telles dissemblances dans les fonctions les plus importantes de la vie, chez des plantes que l'on réunit sous une même dénomination; mais il ne faut pas oublier que ce nom d'Algues ne représente pas un ensemble nettement limité. Ce n'est en réalité qu'un nom commun sous lequel on comprend des familles appartenant à des types différents et qui n'ont souvent d'autres rapports que l'absence du tissu vasculaire et le milieu où elles croissent. Les Floridées forment parmi elles un groupe à part, qui n'a d'affinité bien marquée avec aucun autre. »

On ne peut que s'associer à cette opinion des éminents botanistes qui, depuis vingt ans, ont fait une étude si approfondie des Algues. En effet, rien n'est plus différent que la fécondation des Fucacées par l'action directe des anthérozoïdes sur les spores elles-mêmes et la fécondation telle qu'ils viennent de la découvrir dans les Floridées.

Ici, au lieu des anthérozoïdes doués de cils vibratiles et d'une rapide locomotion, les corpuscules fécondateurs sortis des anthéridies ne sont que de petits corps arrondis ou ellipsoïdes, probablement vésiculaires, dépourvus de cils et de mouvements propres; au lieu d'agir directement sur une spore déjà formée, ils viennent s'appliquer, s'unir à un filament allongé, tubuleux, qui transmet leur influence aux cellules placées à sa base et détermine la formation de nouvelles cellules dans lesquelles les spores des cystocarpes se développeront.

Il y a là un mode d'action des corps fécondateurs et de transmission de leur influence qui diffère complétement de tout ce qui est connu jusqu'à ce jour dans les autres Cryptogames, à moins qu'on ne veuille y trouver une analogie éloignée avec les phénomènes de copulation qui précèdent le développement de l'*hymenium* des Pezizes et d'autres Champignons de la famille des Discomycètes, dont nous rendrons compte plus loin.

Ajoutons que MM. Bornet et Thuret ont observé plusieurs fois que, lorsque certaines circonstances empêchaient le contact et l'union des corpuscules des anthéridies avec le filament qu'ils désignent par le nom de *trichogyne*, le cystocarpe ne se développait pas, et la plante restait stérile : preuve évidente de l'action fécondatrice de ces corpuscules.

Voilà donc un autre groupe important parmi les Cryptogames qui rentre dans la grande loi de la reproduction sexuelle.

Enfin, pour compléter ce qui concerne la généralité de la reproduction sexuelle des végétaux de cette grande classe des Algues, nous devons ajouter que les Zoosporées, qui paraissaient se reproduire sans le concours de ce double système d'organes, offrent, au contraire, dans plusieurs de leurs genres, outre la reproduction par zoospores, une production de spores d'une nature spéciale, fécondées par des anthérozoïdes, et fournissent même un des exemples les plus évidents de fécondation dans la classe des Algues. Ce sont les naturalistes allemands que nous avons déjà cités plus haut qui ont ajouté ces faits importants[1] à ceux qui concernent les Algues marines.

A ces découvertes remarquables concernant l'organisation générale et le mode de reproduction des Algues, nous devons ajouter des travaux plus spéciaux, qui ont cependant concouru à compléter nos connaissances sur ces phénomènes et à mieux faire connaître ces végétaux.

Déjà en 1844, M. Thuret s'était occupé de la structure et du mode de reproduction des Nostocs, ces singuliers végétaux qu'on voit apparaître, après les pluies, à la surface du sol, sous forme de masses irrégulières remplies d'une gelée verdâtre. En 1857, il a publié de nouvelles observations sur ce sujet et sur un autre genre de la même tribu, *Anabeina* ou *Cylindrospermum* de Ralfs; il a constaté dans plusieurs espèces du premier genre la reproduction par transformation des chapelets qu'ils renferment en nouveaux individus. Dans le second, il se forme à l'extrémité des filaments en chapelets une véritable spore, qui, par la germination, produit de nouveaux filaments moniliformes. Mais un fait remarquable dont M. Thuret s'est assuré, c'est que ces spores sont susceptibles de germer après une conservation de dix ans en herbier. C'est un nouvel exemple de ces corps reproducteurs qui, au lieu de se développer immédiatement comme les zoospores et les spores de beaucoup d'Algues, peuvent conserver pendant longtemps, malgré leur

[1] Dès le commencement de ce siècle, Vaucher avait déjà soupçonné les fonctions des anthéridies dans le genre des Confervées qu'il désignait sous le nom d'*Ectosperma*, et qu'on a nommées depuis *Vaucheria;* mais le mode d'action des organes fécondateurs n'a été constaté que par M. Pringsheim en 1855.

Les observations du même naturaliste sur les *Œdogonium* et les *Bolbochœte*, publiées en 1856; celles de M. Cohn sur le *Sphæroplea annulina*, en 1855, ont confirmé et rendent très-probable la généralité de ce phénomène dans les Algues zoosporées. (Voir *Annales des sciences naturelles*, 4e série, t. III, p. 363; t. V, p. 187, 250; t. XI, p. 273.

dessiccation, la propriété de reproduire la plante lorsque des conditions favorables se présentent.

En 1851, MM. Derbes et Solier publiaient, en addition au mémoire auquel l'Académie avait accordé une distinction si flatteuse, un nouveau travail comprenant des observations sur la structure et sur les organes reproducteurs de dix-neuf espèces d'Algues de la Méditerranée, appartenant à dix genres différents, dont plusieurs ne figuraient pas dans leur premier mémoire et dont trois sont établis comme nouvelles divisions par ces savants. On remarque surtout dans ces études de nouvelles observations sur les anthéridies et les anthérozoïdes de plusieurs genres de Floridées, qui montrent la généralité de l'existence de ces organes, et qui, à défaut d'expériences directes, tendaient à établir d'une manière de plus en plus certaine le rôle fécondateur de ces parties, qui a été depuis lors si bien démontré par les recherches de MM. Bornet et Thuret, que nous avons citées plus haut. En 1856, M. Derbes ajoutait quelques observations sur ce sujet en publiant le genre nouveau de la famille des Floridées qu'il désignait sous le nom de *Ricardia*. En 1847, M. Solier avait aussi fait connaître une Algue marine voisine des *Vaucheria*, appartenant, comme ce dernier genre, à la famille des Zoosporées, mais s'en distinguant par le mode de formation des spores et par les cils disposés en couronne qui déterminent leur mouvement.

Parmi les explorateurs les plus infatigables et les plus instruits de nos côtes de l'Océan, nous devons signaler MM. Crouan frères, pharmaciens à Brest, qui, dès 1835, s'étaient montrés bons observateurs par un mémoire sur les *Ceramium*[1], et qui, dans plusieurs mémoires publiés successivement de 1844 à 1859, ont décrit avec beaucoup de soin l'organisation de diverses Algues, obtenues surtout par le draguage de la rade et des côtes de Brest, plantes la plupart de très-petite dimension, qui avaient jusqu'alors échappé aux re-

[1] *Annales des sciences naturelles*, 2e série, t. III; 1835.

cherches des autres botanistes. Ils ont ainsi fait connaître les genres nouveaux institués par eux sous les noms de *Grammitella*[1], de *Cylindrocarpus*[2], de *Dermocorynus* et de *Dermocarpa*[3], de *Cruoreilla* et de *Rhododiscus*[4]; ils ont décrit plusieurs espèces nouvelles de genres rares et peu connus, tels que les *Nitophyllum*, *Peysonella*, *Crouania*, *Hapalidium*, *Contarinia*, *Naccaria* et *Atractophora*. Ils ont dirigé surtout leur attention sur de petites Algues du groupe des Floridées, se développant à d'assez grandes profondeurs, sur des fragments de roches ou de poterie, ou croissant parasites sur d'autres Algues. Tous ces travaux, qui intéressent en même temps la phycologie générale et la flore de nos côtes, ont été exposés par ces naturalistes, dans leur ensemble, dans leur Florule du Finistère, publiée en 1867, où la famille des Algues est traitée avec un soin tout particulier.

M. Bornet, dont les études se sont portées sur diverses familles de Cryptogames, a fait connaître d'une manière très-complète un nouveau genre *Lejolisia*, fondé sur une petite plante de la division des Floridées qui croît dans la Méditerranée, parasite sur d'autres Algues.

Enfin, M. de Brebisson, qui s'était déjà occupé plus anciennement de la famille si singulière des Diatomées, a publié diverses notices sur les végétaux de cette famille observés par lui dans les eaux douces de la Normandie.

M. Le Jolis, utilisant les nombreux matériaux réunis par lui depuis bien des années, et dont il avait fait connaître une partie dans ses fascicules d'Algues desséchées des côtes de Cherbourg, publiait, en 1863, sous le titre modeste de *Liste des Algues marines de Cherbourg*, un ouvrage plein d'intérêt sur la flore marine de ce point remarquable de nos côtes. Une introduction de quelques pages fournissait d'utiles renseignements sur la nature du sol et les profondeurs que préfèrent diverses espèces.

[1] *Annales des sciences naturelles*, 3e série, t. X; 1848.

[2] *Ibid.* 3e série, t. XV; 1851.

[3] *Annales des sciences naturelles*, 4e série, t. IX; 1858.

[4] *Ibid.* 4e série, t. XII; 1859.

L'énumération des espèces est très-complète; une synonymie étudiée avec soin précise les espèces déjà connues; des observations signalent les variétés et appellent l'attention sur les espèces douteuses; plusieurs Algues nouvelles y sont décrites, soit d'après les propres observations de l'auteur, soit par suite des communications de M. Thuret, qui, s'étant fixé à Cherbourg pendant plusieurs années pour ses recherches sur les Algues, a fourni à M. Le Jolis des notes souvent accompagnées de dessins sur des genres et des espèces nouveaux observés par lui, qui ajoutent un intérêt de plus à cette flore algologique.

Nous devons aussi signaler ici un travail dû, il est vrai, à un habile botaniste russe, mais qui, résultant d'observations poursuivies sur nos côtes et publiées dans les Mémoires d'une de nos Sociétés savantes les plus actives de la Normandie, peut réclamer un brevet de nationalité : je veux parler du mémoire de M. Rosanoff, publié dans les Mémoires de la Société impériale des sciences naturelles de Cherbourg pour 1866, sous le titre de *Recherches anatomiques sur les Mélobésiées.*

Ces Algues incrustées de matière calcaire forment une tribu de Corallinées crustacées adhérentes, soit aux rochers, soit sur d'autres Algues et dont la structure et le mode de fructification sont très-dignes d'intérêt. Elles avaient déjà été rangées, comme les Corallinées proprement dites, par M. Decaisne et par les botanistes qui avaient adopté ses idées, dans la grande division des Algues floridées ou Choristosporées; mais les analyses microscopiques de plusieurs des espèces appartenant aux trois genres de ce groupe, l'étude du développement de leurs tissus et de la structure de leurs organes reproducteurs et les excellentes figures qui les représentent donnent un grand intérêt au travail de M. Rosanoff.

On doit au même savant des expériences, également faites sur nos côtes du Cotentin, sur la respiration des Floridées ou Algues colorées en rouge, par lesquelles il a constaté que ces Algues, malgré l'absence de chlorophylle, remplacée ici par un pigment rouge, agissent sur l'air dissout dans l'eau de la mer comme les feuilles vertes des plantes aquatiques ordinaires, c'est-à-dire qu'elles décomposent l'acide carbonique sous l'influence de la lumière en fixant le carbone et dégageant l'oxygène, le phénomène inverse ayant lieu dans l'obscurité. M. Rosanoff a publié une note, courte mais très-précise[1], sur ce fait important pour la physiologie, à l'occasion d'une notice présentée par M. Van Tieghem à l'Académie des sciences[2] sur la présence, souvent fort abondante, de la fécule dans les Algues floridées, fait qui lui paraissait en contradiction avec la nature de la respiration essentiellement comburante qu'il pensait appartenir à ces Algues rouges.

Nous ferons aussi remarquer que, dans ce travail, qui n'a été publié qu'en extrait, M. Van Tieghem signale des différences assez notables entre les granules amylacés de ces Algues et les vrais grains d'amidon, sous le rapport surtout de l'action des réactifs chimiques.

L'étude des Algues a été aussi favorisée par la publication de collections de ces plantes préparées avec soin et formant des séries d'*exsiccata*, qui, lorsqu'elles sont déterminées avec précision, remplacent avec avantage des figures de ces plantes et facilitent leur connaissance.

Sans parler des espèces d'eau douce qui se trouvent parmi les *Stirpes cryptogamæ vogeso-rhenanæ*, de MM. Mougeot, Nestler et Schimper, et dans les *Cryptogames de France* de M. Desmazières, des collections spéciales des Algues marines de nos côtes occidentales ont été successivement publiées : par M. Chauvin, pour les côtes de Normandie; par M. Le Jolis, pour celles de Cherbourg; par MM. Crouan frères, pour des Algues des environs de Brest; par MM. Lelièvre et Noël de la Morinière, pour les côtes du Morbihan; par M. Lloyd, de Nantes, pour les côtes méridionales de la Bretagne et pour les côtes de la Vendée.

[1] *Annales des sciences naturelles*, 5e série, t. IV, p. 320; 1865.

[2] *Comptes rendus de l'Académie des sciences*, 1865, 6 novembre, p. 804. — *Annales des sciences naturelles*, 5e série, t. IV, p. 315.

Toutes ces collections, faites par des botanistes qui ont étudié d'une manière spéciale cette grande classe de végétaux, comprennent des espèces rares et quelquefois nouvelles et ont contribué à bien faire connaître la flore si intéressante de l'Océan.

Quelques espèces de la Méditerranée ont été insérées dans les collections de M. Desmazières; mais nous ne connaissons pas de collection spéciale des Algues des côtes françaises de la Méditerranée.

Lichens. — Les Lichens forment un tout plus homogène que les Algues et les Champignons, et surtout au point de vue de leur reproduction, ces plantes n'offrent pas la variété d'organisation qu'on remarque dans ces deux classes de végétaux cryptogames; cependant leur structure interne était loin d'avoir été étudiée avec la précision qu'exige l'anatomie végétale actuelle; leur développement n'avait jamais été suivi avec soin, et quelques-uns de leurs organes avaient été complétement négligés.

On s'était surtout appliqué à la connaissance de leurs espèces et à leur classification, et avant la période que nous examinons, les travaux de M. Fée sur les Lichens des écorces officinales et sur divers genres exotiques de cette famille, les études de Delise, de Léon Dufour, etc. montraient que les botanistes français ne négligeaient pas cette branche de la botanique.

Plus récemment, M. Montagne, dans ses diverses flores cryptogamiques, publiées de 1841 à 1853, avait donné une attention spéciale à cette famille, et son *Sylloge* comprend 215 espèces nouvelles décrites par lui dans ses diverses publications. Mais, en 1852, M. Tulasne, par ses études approfondies sur l'organisation des Lichens, ramena l'attention des cryptogamistes sur cette famille et donna une nouvelle direction à leurs études.

Les tissus qui constituent les diverses parties de ces végétaux, quoique souvent indiqués par les lichénographes, n'avaient pas été étudiés avec la précision nécessaire pour bien distinguer leurs divers éléments.

M. Tulasne, examinant successivement le thalle ou la partie végétative de ces plantes dans ses diverses formes, depuis celles où il ne présente que des éléments à peine visibles jusqu'à celles où il forme des lames foliacées ou caulescentes d'une structure très-complexe, montre toutes les modifications qu'il peut offrir dans les tissus qui le constituent, et cependant les caractères communs des organes végétatifs qui unissent tous les Lichens et les distinguent des Champignons dont leur fructification les rapproche. La présence des cellules globuleuses remplies de chlorophylle, désignées sous le nom de *gonidies*, est le caractère le plus constant de ces parties végétatives. L'existence de ces gonidies prouve aussi l'analogie qui unit les Collémacées aux Lichens et ne permet pas d'en former une famille séparée de celle des Lichens, ainsi que plusieurs cryptogamistes l'avaient proposé[1]. L'étude du premier développement des Lichens offre surtout de l'intérêt par la constatation de l'existence d'une sorte de *mycelium* ou de production filamenteuse, précédant la production du thalle proprement dit, qui se forme sur un ou sur plusieurs points de ce plexus filamenteux, sorte de rhizome qui reste parfaitement distinct du thalle dans les Lichens foliacés et qui est recouvert par ce thalle dans les Lichens crustacés.

L'étude des organes reproducteurs a fourni aussi à M. Tulasne de nombreux faits intéressants en ce qui concerne la structure des thèques et des spores qu'elles renferment, la nature des membranes qui les constituent, le degré plus ou moins grand de complication de ces organes reproducteurs et leur mode de formation.

La projection des spores hors des thèques, comme chez les Pezizes et autres Champignons thécasporés, est un fait nouveau, qui explique la dissémination de ces germes et qui en facilite l'observation. Il a permis à M. Tulasne d'étudier, d'une manière bien plus exacte et dans beaucoup plus de cas, la germination des spores des Lichens, de constater l'existence dans ces spores d'un épispore et d'un en-

[1] C'était l'opinion de Fries, adoptée par M. Montagne, qui en formait la famille des Byssacées.

dospore, véritable membrane de la cellule germinative; de reconnaître aussi d'une manière indubitable que les spores multiloculaires ou plutôt multicellulaires sont cependant des spores uniques et non pas l'agrégation de plusieurs spores ou des sporidies renfermant des spores, comme l'admettaient encore à cette époque des cryptogamistes de mérite.

Ses observations sur plusieurs genres de petits Lichens parasites sur d'autres Lichens, et sur la production de stylospores, analogues à ceux de certains Champignons, qu'on observe dans ces plantes, sont encore un des points les plus curieux de ce grand travail.

Mais il est une autre classe d'organes dont l'étude a fourni à M. Tulasne des résultats plus intéressants et d'un ordre plus élevé : ce sont ceux qu'il a désignés sous le nom de *spermogonies*. Ce sont de petits points noirs se montrant sur la surface du thalle de beaucoup de Lichens, négligés par beaucoup de lichénographes, ou considérés soit comme une altération de la fructification normale, soit comme des Cryptogames parasites (Sphéries ou Lichens), avec lesquels on pourrait en effet souvent les confondre.

De ses nombreuses observations sur des Lichens d'espèces très-variées, de l'identité de structure de ces petits conceptacles, de leur analogie avec ce qu'il a observé dans différentes familles de Champignons, M. Tulasne conclut que ce sont des organes normaux de ces Lichens.

Ces conceptacles, formant de petites excroissances creuses, renferment des filaments courts, qui donnent naissance, sur divers points de leur surface, à des corpuscules elliptiques ou cylindriques, que M. Tulasne désigne sous le nom de *spermaties*, et qu'il est porté à considérer comme des corps fécondateurs. Cette opinion venait d'être également émise en Allemagne par M. Itzigsohn, qui, ayant observé ces organes sur une espèce de Lichen (le *Borrera ciliaris*), les avait considérés comme des anthéridies, et qui avait même annoncé que les corpuscules qu'ils renfermaient étaient doués de mouvements spontanés comme les spermatozoïdes des Mousses. Ce dernier fait n'a été constaté par aucun des observateurs qui ont étudié depuis lors cette question, et la structure si différente de ces corpuscules justifie le nom différent que M. Tulasne leur applique, ainsi qu'à leurs analogues parmi les Champignons. Ajoutons que ces petits corps ne germent jamais et ne peuvent par conséquent être considérés comme une forme spéciale de corps reproducteurs.

L'étude des spermogonies et des spermaties qu'elles renferment, dans toutes les tribus de Lichens, occupe une grande place dans l'important mémoire de M. Tulasne; c'est en effet la partie la plus neuve de ce grand travail, et la généralité de ses observations indique bien la valeur physiologique de ces organes, quoiqu'aucune observation directe n'ait pu établir encore leur rôle dans la reproduction. Aussi l'auteur conclut-il ainsi ses recherches sur ce sujet :

« Je terminerai ici cette longue énumération dans laquelle j'ai voulu faire entrer tous les genres de Lichens de notre pays, afin de montrer pleinement, s'il se pouvait, que les spermogonies ne sont point des organes accidentels et propres seulement à un petit nombre d'espèces, mais, au contraire, qu'elles constituent un appareil particulier de reproduction commun à une multitude de Lichens, sinon à tous, et étroitement lié sans doute, quant à ses fonctions physiologiques, avec l'autre appareil fertile dont les apothécies sont l'expression variée. »

Dans la même année où M. Tulasne publiait le résultat de ses études sur l'organisation des Lichens, M. Bornet, dans un travail très-spécial sur une plante de cette famille, montrait les confusions qui peuvent résulter d'études incomplètes et trop superficielles, en faisant connaître d'une manière précise la structure du genre *Ephebe*, que son organisation, mal étudiée, avait fait placer tantôt parmi les Algues, tantôt parmi les Lichens. Il a montré que cette plante, arrivée à son développement complet, avait tous les caractères des Lichens, leurs apothécies renfermant des thèques pleines de spores, leurs spermogonies remplies de spermaties, et qu'à l'état stérile même on y retrouvait ces gonidies ou cellules sphériques pleines de chlorophylle qui caractérisent le thalle des Lichens; que sa place était donc parmi les Lichens voisins des *Collema* et des *Lichina*, comme M. Montagne l'avait admis.

A l'espèce européenne *Ephebe pubescens*, ballottée successivement dans deux familles et sept genres différents, il a ajouté deux espèces nouvelles de l'Amérique septentrionale.

Cette monographie, malgré son cadre restreint, nous a paru mériter d'être citée comme exemple d'une étude bien faite d'une plante d'une organisation remarquable. Quelques années plus tard, le même botaniste faisait connaître trois Lichens nouveaux appartenant au même groupe que l'*Ephebe* et découverts par lui sur les rochers humides des environs de Cannes[1]. Deux se rapportent au genre *Synalissa*, et un constitue le nouveau genre *Spilonema*. Il en a étudié l'organisation avec le même soin et y a constaté également la présence des spermogonies et des spermaties; enfin il a signalé leurs rapports avec certaines plantes considérées comme des Algues, qui ne sont peut-être que leur état jeune et imparfait.

Pour compléter les études dont les Lichens ont été l'objet en France, nous devons nécessairement signaler les travaux d'un savant cryptogamiste étranger, qui, fixé depuis longtemps d'une manière presque constante en France, ayant travaillé sur les collections réunies par les explorateurs français, et ayant publié les résultats de ses études dans des recueils français, doit à tous ces titres être placé à côté de nos compatriotes.

M. Nylander, d'Helsingfors en Finlande, a publié successivement : en 1853, un complément à la Flore lichénologique de l'Algérie, de M. Montagne, comprise dans l'ouvrage de la Commission scientifique d'Algérie, complément basé sur les échantillons recueillis par M. Balanza; en 1855, un supplément à la Flore du

[1] *Description de trois Lichens nouveaux*, par M. Ed. Bornet; Cherbourg, 1856.

Chili, dont les Lichens avaient également été publiés par Montagne, mais que de nouveaux matériaux permettaient d'enrichir de beaucoup d'espèces qui n'y étaient pas inscrites.

En 1859, des contrées sur lesquelles on n'avait pas encore de publications lichénographiques spéciales fournirent à M. Nylander les matériaux de trois énumérations systématiques de ces végétaux, ce sont[1] : 1° les Lichens de la région péruvienne et bolivienne de l'Amérique du Sud, étudiés d'après les collections de M. Weddell et de M. Gay, et comprenant 267 espèces; 2° les Lichens des îles de la Polynésie, au nombre de 140, recueillis par plusieurs voyageurs français, Gaudichaud, Hombron, Leguillou, Remy, Lépine, Vesco, Pancher, Vieillard, et par les voyageurs anglais Jardin et Milne; 3° les Lichens de l'île de la Réunion, décrits surtout d'après les collections formées par Lepervenche-Mézières, Boivin, et, plus anciennement, par Bory Saint-Vincent.

Les Lichens de la Nouvelle-Calédonie recueillis par MM. Vieillard, Pancher et Deplanche ont été l'objet de deux notices de M. Nylander, qui, dans la dernière, énumère et décrit en partie 105 espèces récoltées dans cette nouvelle colonie française.

Les collections formées dans la Bolivie par M. Mandon ont donné lieu à une énumération de 97 espèces, qui complètent la Flore lichénologique des Andes péruviennes, déjà publiée par le même botaniste, et portent le nombre des espèces connues dans ces contrées à 306. Celles qui ont été recueillies dans la Nouvelle-Grenade par M. Triana et par M. Lindig comprennent 403 espèces, dont un grand nombre sont nouvelles.

Ces florules lichénologiques, qui renferment souvent des espèces nouvelles ou imparfaitement étudiées, sont intéressantes aussi par les tableaux relatifs à leur distribution géographique, qui mon-

[1] Ces trois florules ont paru sous le titre commun de *Lichenes in regionibus exoticis quibusdam vigentes exposuit synopticis enumerationibus* V. Nylander. (*Annales des sciences naturelles*, 4e série, t. XI; 1859.)

trent les tribus prédominantes dans chaque région et les rapports de ces flores avec la végétation européenne.

Avant ces études sur les collections exotiques riches et variées du Muséum de Paris et de quelques botanistes zélés pour cette branche de la science, M. Nylander avait été amené à publier dans les Actes de la Société Linnéenne de Bordeaux[1] un travail plus étendu, sous le titre de *Prodromus lichenographiæ Galliæ et Algeriæ.* C'est sans doute l'énumération la plus complète des espèces de cette famille qui croissent soit en France, soit en Algérie; une synonymie étendue fixe bien la nature des plantes que l'auteur a déterminées; les localités sont indiquées avec soin. Mais ce n'est cependant qu'une énumération, puisque, à l'exception de quelques espèces nouvelles, aucun caractère distinctif ne permet de reconnaître les espèces, sans avoir recours aux ouvrages cités. C'est un excellent prodrome qui fait désirer un ouvrage plus complet, désir auquel satisferait l'ouvrage suivant s'il était terminé.

En effet, en 1858, M. Nylander a commencé à publier à Paris, sous le titre de *Synopsis Lichenum omnium hucusque cognitorum,* un ouvrage général sur les Lichens tant européens qu'exotiques, qui eût réuni l'ensemble des matériaux dispersés sur cette intéressante famille.

Un second fascicule a paru en 1860; mais l'ouvrage n'est pas arrivé à moitié de son étendue, et l'on regrette de le voir arrêté à ce point.

Une introduction étendue, en français, expose l'ensemble de nos connaissances sur l'organisation de ces végétaux, le tableau de leur classification et beaucoup de détails intéressants sur leur distribution géographique.

Champignons. — Les Champignons forment, comme les Algues, une grande classe, comprenant des familles très-différentes par divers points de leur structure, et surtout par le mode de formation

[1] T. XXI; 1857.

de leurs corps reproducteurs, mais unies cependant les unes aux autres par des points importants de leur mode de développement et de végétation, que nous n'avons pas à exposer ici. Nous rappellerons seulement que l'existence d'un *mycelium*, c'est-à-dire d'un plexus filamenteux, qui donne naissance au *stroma* ou à la masse fongueuse qui sert de base et d'origine au Champignon proprement dit, formant la partie fructifère du végétal, et l'absence constante de cellules contenant de la chlorophylle sont des caractères communs à tous les végétaux qu'on réunit dans la classe des Champignons ou Fonginées, et qui déterminent un mode d'existence tout spécial et des phénomènes de nutrition très-différents de ceux des autres végétaux.

Le nombre des végétaux appartenant à ce groupe, considéré dans son ensemble, est très-considérable, et les recherches attentives des botanistes en font découvrir chaque jour de nouvelles espèces, tandis qu'une étude plus approfondie des formes diverses sous lesquelles la même plante peut se présenter tend à réduire le nombre des espèces et des genres déjà établis.

Mais ce qui est une cause réelle de l'accroissement du nombre des espèces, c'est l'attention plus grande portée par les voyageurs sur ces végétaux dans les régions extra-européennes, peu explorées à ce point de vue, jusqu'à ces dernières années.

De bonnes figures faites sur les lieux, jointes à des échantillons même imparfaits pour les grands Champignons charnus, des collections réunies avec soin pour les espèces susceptibles de se bien conserver, la recherche attentive des petites espèces dans les sites si variés qu'elles habitent, ont permis aux botanistes sédentaires qui se sont livrés à leur examen d'ajouter de nombreuses espèces aux espèces déjà connues. Ces études ont montré la variété infinie de la nature dans ces êtres qui attirent peu les regards, et ont prouvé que l'uniformité qu'on avait été porté à admettre pour ces végétaux, d'une organisation plus simple, sous tous les climats, était bien loin d'être aussi générale qu'on le pensait.

L'étude faite par M. Montagne d'un grand nombre de collections exotiques formées par des voyageurs ou adressées par des botanistes étrangers, qui avaient recours à son savoir pour la détermination de leurs collections, lui a permis d'accroître, dans une énorme proportion, la liste des Champignons connus : les espèces nouvelles, pour cette grande classe seulement, décrites par lui, de 1837 à 1856, dans diverses publications et réunies dans son *Sylloge* s'élèvent au nombre de 854.

Ces espèces appartiennent pour la plupart à des formes analogues à celles de nos climats et rentrent même dans nos genres les plus répandus ; mais on voit cependant certains groupes, rares dans nos régions tempérées, augmenter dans d'autres régions, et certaines formes toutes particulières s'y montrer. C'était du reste un fait déjà appréciable, d'après les connaissances acquises depuis une quarantaine d'années, mais que les travaux modernes ont mieux constaté.

Plusieurs genres nouveaux furent ainsi créés par M. Montagne sur des plantes exotiques dont l'étude, faite sur des échantillons desséchés et souvent mal conservés, ne pouvait lui fournir le plus souvent que des données assez imparfaites sur plusieurs points importants de l'organisation de ces Champignons; on doit cependant reconnaître que ce savant a donné aux caractères microscopiques fournis par la structure de ces plantes plus d'attention qu'on ne l'avait fait généralement avant lui.

Un des botanistes français qui ont le plus contribué à étendre nos connaissances sur les espèces indigènes et exotiques de Champignons est le Dr Léveillé, qui, indépendamment de travaux spéciaux sur l'organisation de ces plantes, dont nous parlerons plus loin, a publié plusieurs séries de mémoires sur des espèces nouvelles de cette famille.

Les premières notices furent consacrées à des espèces de la flore parisienne [1].

[1] *Annales des sciences naturelles*, 1841 et 1843.

En 1842, il avait inséré dans la belle publication du Voyage du prince de Demidow dans la Russie méridionale les résultats des observations qu'il avait recueillies pendant ce voyage.

Plus tard, dans des séries de fragments mycologiques, en 1844, 1846 et 1848, M. Léveillé a fait connaître les nombreuses espèces, la plupart exotiques, qu'il avait pu étudier dans les diverses collections de Paris et de la Hollande, et particulièrement dans celles du Muséum de Paris.

Enfin il vient de publier, en 1863, la série des Champignons de la Nouvelle-Grenade, qui doit faire partie de la flore de cette contrée, rédigée par MM. Triana et Planchon.

Une partie notable des publications de M. Léveillé se rapportent cependant à la flore française, et elles concourront à compléter l'énumération, encore fort difficile à bien établir, de cette classe si nombreuse et si obscure de végétaux.

A ce dernier point de vue, un des naturalistes qui doivent être cités avec reconnaissance est M. Desmazières, qui, se consacrant entièrement à l'étude de la Cryptogamie française, a publié successivement, pendant plus de trente ans, de 1825 à 1861, les résultats de ses recherches, soit sous forme d'échantillons desséchés, formant la collection la plus étendue qu'on connaisse d'*exsiccata* cryptogamiques d'un même pays, comprenant plus de 3,000 espèces différentes, soit sous forme de fragments insérés dans divers recueils, sous le titre de *Notices sur les plantes cryptogames récemment découvertes en France*. Ces notices, au nombre de vingt-trois, ont paru de 1844 à 1855, et, sans se rapporter exclusivement à la classe des Champignons, elles comprennent cependant plus spécialement des espèces de ce groupe.

On voit combien la science est redevable à MM. Montagne, Léveillé et Desmazières, au point de vue de la connaissance des espèces de la grande classe des Champignons, soit exotiques, soit appartenant à notre flore française.

Mais, indépendamment de ces travaux systématiques, qui ont

augmenté le nombre des formes connues, l'étude des Champignons a fait des progrès beaucoup plus importants, au point de vue de l'organisation et surtout du mode de reproduction de ces singuliers végétaux.

Si nous remontions un peu au delà de la date fixée pour cet examen rétrospectif des progrès de la botanique en France, nous aurions à considérer deux importants travaux de M. le Dr Léveillé, sur des points très-essentiels de l'organisation des Champignons, et nous devons les signaler ici brièvement, parce qu'on peut les considérer comme le point de départ d'autres travaux plus récents et d'un grand intérêt.

L'un est son mémoire sur l'*hymenium* ou membrane fructifère des Champignons[1]; car, malgré quelques faits entrevus, avant lui, par Micheli et Bulliard, et mal interprétés ou rejetés par les observateurs plus récents, on doit reconnaître que, le premier, il a établi les caractères remarquables de l'organisation de la membrane qui produit les spores dans la grande division des Champignons qu'on désigne sous le nom d'*Hyménomycètes* ou d'Agaricinées, et montré en quoi ils diffèrent de ceux des *Discomycètes* ou Pezizées. L'origine des spores, naissant le plus souvent quatre par quatre à la surface externe des cellules nommées *basides*, qui, par leur juxtaposition, constituent la membrane superficielle d'où l'on voit se détacher ces spores, est devenue non-seulement le caractère le plus important de cette grande division des Champignons, qui comprend les Agarics, les Bolets, les Clavaires, etc. et qui les fait maintenant désigner souvent sous le nom de Champignons basidiosporés, mais ce mode de production des spores, retrouvé dans d'autres familles de Champignons, a permis d'y établir des distinctions importantes.

Il y a donc eu là une découverte très-intéressante en elle-même et par ses conséquences.

Un autre travail déjà ancien de M. Léveillé, et dont l'influence

[1] *Annales des sciences naturelles*, 2e série, t. VIII, p. 321; 1837.

devait être très-marquée, a été son mémoire sur le développement des Urédinées[1].

Turpin, en France, M. Unger, en Allemagne, soutenaient cette opinion, partagée alors par plusieurs botanistes, que les Champignons parasites sur les végétaux vivants, dont on formait la famille des Urédinées, n'étaient que le résultat de la transformation des tissus ou des matières constitutives du végétal sur lequel on les voyait apparaître, qu'ils n'étaient que des *exanthèmes* de ces plantes, comme les nommait M. Unger, des maladies des végétaux et non des êtres autonomes.

M. Léveillé prouva l'erreur dans laquelle ces naturalistes étaient tombés, en démontrant l'existence et le développement d'un *mycelium* ou tissu filamenteux précédant, comme dans les autres Champignons, la formation des corps reproducteurs et s'étendant entre l'épiderme et le tissu sous-jacent.

Cette découverte, que toutes les observations plus récentes sur le développement de ces curieux parasites sont venues confirmer, était un premier pas important dans l'étude de ces petits Champignons et détruisait une erreur qui tendait à se propager, et qui venait à l'appui de cette théorie des générations spontanées, dont tous les faits observés avec soin démontrent chaque jour la fausseté.

Quelques années plus tard, dans un mémoire rempli de faits bien étudiés et résultant de longues observations, M. Léveillé établissait que les Champignons désignés sous le nom de *Sclerotium*[2], et considérés comme des espèces particulières, n'étaient autre chose qu'un état spécial du *mycelium*, qui précède le développement du Champignon parfait.

Il montrait beaucoup de ces Champignons, désignés comme des espèces distinctes du genre *Sclerotium*, donnant naissance à diverses

[1] *Annales des sciences naturelles*, 2e série, t. XI, p. 5; 1839.

[2] *Mémoire sur le genre* SCLEROTIUM, par M. le docteur LÉVEILLÉ. (*Annales des sciences naturelles*, 2e série, t. XX, p. 218; 1843.)

espèces d'Agarics, à des Clavaires, à des Pezizes, à des moisissures même.

Quelques faits de cette nature avaient sans doute été déjà observés, mais on les avait considérés comme propres à certaines espèces particulières, pourvues d'un tubercule à leur base. M. Léveillé a eu le mérite de les généraliser, de montrer qu'ils avaient une origine très-différente, et d'en tirer des conséquences qui depuis ont reçu de nouvelles applications.

Il a insisté avec raison sur les diverses formes que le *mycelium* peut affecter avant de produire le Champignon parfait, qui n'est réellement que sa fructification, et sur sa longue persistance dans certaines circonstances, avant qu'il continue et complète son développement.

Les *Sclerotium*, dont il s'est occupé plus particulièrement, ne sont qu'une de ces formes ou un état spécial de ce *mycelium* : c'est le *mycelium* tuberculeux. Les *mycelium* filamenteux, membraneux et pulpeux avaient également donné lieu à la créatien de genres particuliers : *Athelia, Himantia, Racodium, Xylostroma, Phlebomorpha*, etc. mais dont la nature imparfaite avait été plus généralement reconnue.

En 1847, M. Léveillé, ayant poursuivi ses études sur les Urédinées[1], proposait d'établir, aux dépens du genre *Uredo* de la plupart des auteurs, plusieurs genres fondés sur la structure propre de ces petits Champignons, genres en partie déjà indiqués par d'autres botanistes, en partie au contraire fondés par M. Léveillé et dont plusieurs ont été depuis généralement admis : tels sont, par exemple, les genres *Cystopus* et *Coleosporium.*

M. Léveillé ne comprend pas dans ce travail le groupe des *Puccinia* et des *Æcidium*, et il n'avait pas prévu à ce moment les réformes que la classification des Urédinées devait recevoir, par

[1] *Sur la disposition méthodique des Urédinées*, par M. le docteur LÉVEILLÉ. (*Annales des sciences naturelles*, 3e série, t. VIII, p. 369.)

suite de la découverte des formes multiples que revêt une même espèce aux diverses périodes de son existence.

Le genre *Erysiphe* forme un des groupes les mieux caractérisés de la classe des Champignons et en même temps un de ceux qui méritaient le plus une révision complète de leurs nombreuses espèces et de leur classification. M. Léveillé a entrepris cette étude intéressante, et, en 1851, il a publié un mémoire très-étendu sur ces petits végétaux aussi curieux par leur élégance que par leur structure[1].

Déjà plusieurs botanistes avaient étudié avec soin quelques-unes de ces espèces, mais aucun ne les avait considérées dans leur ensemble d'une manière aussi complète, et nous verrons cependant, en rendant compte d'autres travaux postérieurs, que M. Léveillé n'avait pas épuisé le sujet.

Le *mycelium,* dont le développement précède celui des conceptacles, n'a été en effet, de sa part, l'objet que d'un examen trop peu étendu pour qu'il pût bien constater la nature des filaments dressés qu'il produit et que M. Léveillé était porté à considérer, avec doute il est vrai, comme pouvant concourir à la fécondation.

L'étude plus complète de ces petits Champignons faite depuis par M. Tulasne a permis d'y constater la formation de corps reproducteurs d'origine et de nature variées, et de rattacher à une des formes de ce genre le parasite destructeur de nos vignobles connu sous le nom d'*Oïdium.*

La structure de la membrane fructifère des Agaricinés, ou Hyménomycètes basidiosporées, si bien constatée en 1837 par M. Léveillé, dont les observations furent promptement confirmées par celles de MM. Ascherson (1838), Corda (1839), Phœbus (1842), conduisit bientôt à rechercher si ce mode de formation des spores

[1] *Organisation et disposition méthodique des espèces qui composent le genre* ERYSIPHE. (*Annales des sciences naturelles,* troisième série, tome XV, p. 109; 1851.)

n'appartiendrait pas à d'autres groupes de Champignons; et, en effet, M. Berkeley, en Angleterre, constata que les principaux genres de Gastéromycètes ou Lycoperdacées offraient cette même organisation [1]. MM. Tulasne frères (Louis-René et Charles) s'appliquèrent bientôt à poursuivre cette étude dans tous les genres rapportés à cette division, désignés sous les noms de Gastéromycètes, d'Angiogastres ou de Lycoperdacées, et parmi lesquels on plaçait également les *Lycoperdon* et les Truffes. Dans des mémoires successifs publiés, avec de nombreuses planches d'analyses microscopiques, dans les *Annales des sciences naturelles*, ces savants ont fait connaître la structure des *Scleroderma* [2], des *Polysaccum* et des *Geaster* [3], des *Nidulariées* [4], des *Podaxinées* [5], et montré que, dans tous ces Champignons, le *peridium* jeune présentait des cavités sinueuses, dont les parois étaient tapissées par des cellules portant, le plus souvent, quatre spores, qui, se détachant, remplissaient ces lacunes et, après la destruction du tissu producteur, occupaient toute la cavité du *peridium*.

Le mémoire sur les Nidulariées offre particulièrement une étude très-remarquable du développement de ces curieux Champignons.

Mais, à côté de ces Gastéromycètes basidiosporées, on savait que les Truffes avaient un mode de production des spores dans des vésicules, sporanges ou thèques, très-différent de celui des genres précédents. MM. Tulasne ont reconnu dès l'origine de leurs recherches que les *Elaphomyces* [6], que leur développement souterrain rapproche des Truffes, offrent comme elles une fructification endosporée, c'est-à-dire des spores se formant quatre par quatre dans certaines cellules; et l'on aurait pu croire d'abord que ce caractère appartenait spécialement à ces formes souterraines voisines des Truffes, mais l'étude du singulier genre *Onygena* [7], qui se développe sur les matières

[1] *Annales des sciences naturelles*, 2e série, t. XII, p. 163; 1839.

[2] *Ibid.* 2e série, t. XVII, p. 5; 1841.

[3] *Ibid.* 2e série, t. XVIII, p. 129; 1841.

[4] *Annales des sciences naturelles*, 3e série, t. I, p. 41; 1844.

[5] *Ibid.* 3e série, t. IV, p. 169; 1845.

[6] *Ibid.* 2e série, t. XVI, p. 5.

[7] *Ibid.* 3e série, t. I, p. 367.

cornées abandonnées à l'humidité, a montré à ces botanistes que le mode endosporé appartenait également à des Champignons non hypogés.

L'examen des Champignons hypogés, auxquels l'étude des Truffes et d'autres espèces comestibles donne un grand intérêt, était le complément naturel des recherches précédentes. Déjà en 1831, Vittadini, savant botaniste de Milan, avait publié une monographie des Tubéracées dans laquelle il avait fait connaître beaucoup d'espèces comestibles de l'Italie septentrionale et d'autres Champignons souterrains analogues aux Truffes; leur nombre montait à 63, distribués dans 13 genres différents; mais, à cette époque, l'organisation et surtout le mode de reproduction des Champignons étaient encore trop peu connus pour que cette étude pût être complétement satisfaisante. Pendant dix ans, MM. Tulasne s'appliquèrent a réunir et à analyser l'organisation de tous les Champignons hypogés qu'ils purent découvrir ou se procurer; le nombre en est monté à 124 appartenant à 25 genres. Ces recherches, continuées avec tant de persévérance, amenèrent la publication, en 1851, du bel ouvrage intitulé : *Fungi hypogæi*[1].

La structure anatomique, le mode de production des spores, la classification et la description des espèces, ainsi que l'histoire de tous les travaux dont ces plantes ont été l'objet, y sont exposés avec tout le développement que mérite ce sujet intéressant; les genres, d'après le mode de formation et de dispersion des spores, y sont répartis en trois groupes : les *Hyménogastrées*, les *Élaphomycées* et les *Tubéracées*.

Des figures d'une rare perfection représentent ces Champignons entiers avec leur coloration propre et les détails anatomiques les plus délicats de leur structure.

Les espèces du genre Truffe ont été l'objet de recherches spé-

[1] Fungi hypogæi, *histoire et monographie des Champignons hypogés*, par L. R. Tulasne et Ch. Tulasne, 1 vol. grand in-4°, 222 pages, 21 planches.

ciales, et MM. Tulasne ont pu constater qu'un *mycelium* filamenteux très-distinct précédait la formation des tubérosités qui constituent les Truffes, les enveloppait et leur adhérait de toutes parts avant l'époque où les spores, en se développant dans leur tissu, leur donnaient la coloration, le parfum et la saveur qui caractérisent ce qu'on peut considérer comme le fruit de ces Champignons arrivé à sa maturité. La disposition des tissus qui forment les veines blanches qui parcourent l'intérieur des Truffes et des autres Champignons analogues et qui font pénétrer l'air jusqu'au milieu de cette sorte de tubérosité, ne sont pas un des faits les moins curieux de l'organisation de ces végétaux souterrains, signalés dans le bel ouvrage de MM. Tulasne.

A la même époque, M. L. R. Tulasne, dans une note présentée à l'Académie des sciences (séances des 24 et 31 mars 1851), exposait le résultat de ses observations et ses idées sur la nature multiple de l'appareil reproducteur des lichens et des Champignons[1].

L'étude qu'il venait de faire des spermogonies et des spermaties des Lichens le conduisait à considérer les Hypoxylées, dont on avait fait les genres *Septoria* et *Cytispora*, comme n'étant que les spermogonies de diverses *Sphæria*, auxquelles ces plantes sont associées.

Dans d'autres cas, ce sont des conceptacles renfermant des spores acrogènes, qu'on rapportait à un genre particulier et qui sont un état distinct d'une Sphérie thécasporée.

M. Tulasne cite de nombreux exemples de ces associations parmi les Hypoxylées ou Pyrénomycètes; il en signale d'autres exemples dans la famille des Pezizes ou Discomycètes; enfin les Urédinées lui offrent aussi des faits nombreux à l'appui de cette thèse, que tous ses travaux postérieurs ont eu pour résultat d'établir d'une manière indubitable.

Il en a donné des preuves nombreuses dans un mémoire étendu,

[1] *Comptes rendus de l'Académie des sciences*, t. XXXII, p. 427 et 470. — *Annales des sciences naturelles*, 3e série, t. XV, p. 375.

présenté à l'Académie des sciences en 1852[1], et publié en 1853[2], dans lequel il étudie en premier les divers organes reproducteurs des Discomycètes, c'est-à-dire des Pezizes, dont les *Cenangium*, les *Dermatea* et quelques autres genres ne sont, d'après les observations de M. Tulasne, que des formes douées de stylospores ou de spermaties. Il montre également que les *Melasmia* ne sont que les spermogonies des *Rhytisma;* que les *Leptostroma* appartiennent, au même titre, à diverses espèces du genre *Hysterium;* que le *Bulgaria sarcoides* s'associe le *Coryne sarcoides*, qui n'en est qu'un état particulier; que le *Peziza fusarioides* et le *Dacryomyces urticæ*, classés parmi les Tremellinées, ne sont qu'une seule et même plante, comme l'avaient déjà soupçonné Berkeley et M. Tillette de Clermont-Tonnerre.

De nouveaux faits ont été signalés, à l'appui de cette opinion, dans une note publiée en 1856[3], et tous les mémoires spéciaux, résultats des recherches persévérantes de ces botanistes, ont concouru à en démontrer l'exactitude.

Les Urédinées, ces Champignons se développant dans le tissu même des végétaux vivants, auxquels on avait voulu refuser une existence propre, en les considérant comme de simples maladies de ces tissus, mais dont M. Léveillé, comme nous l'avons vu, avait bien établi l'existence propre et indépendante, ont été pour MM. Tulasne un sujet d'études prolongées, qui ont jeté un jour inattendu sur ces petits êtres souvent si nuisibles à nos cultures.

Dans un premier mémoire publié en 1847[4], MM. Tulasne avaient fait un examen spécial des Ustilaginées, c'est-à-dire de ces Champignons parasites qui, sur nos céréales, sont connus sous le nom

[1] *Comptes rendus de l'Académie des sciences*, t. XXXV, p. 841.

[2] *Annales des sciences naturelles*, 3e série, t. XX, p. 129.

[3] *Note sur l'appareil reproducteur multiple des Hypoxylées* (DE CAND.) ou *Pyrénomycètes* (FRIES), par M. L. R. TULASNE, de l'Institut. (*Comptes rendus de l'Académie des sciences*, t. XLII, p. 701. — *Ann. sciences nat.* 4e série, t. V, p. 107.)

[4] *Annales des sciences naturelles*, 3e série, t. VII, p. 73.

de *Charbon* et de *Carie* et qui forment, pour MM. Tulasne, les genres *Ustilago*, *Thecaphora* et *Tilletia*, dont la structure et les formes spécifiques ont été étudiées par eux avec le plus grand soin. Leur comparaison avec les vraies Urédinées les conduit déjà à aborder les questions les plus délicates sur l'organisation de ces petits Champignons, question qui sont développées et approfondies dans un second mémoire sur les Urédinées et les Ustilaginées, publié par M. L. R. Tulasne, en 1854[1].

Il y signale, pour la première fois, les formes diverses des corps reproducteurs, qu'il démontre appartenir à la même plante, et qui avaient été considérées non-seulement comme constituant des espèces différentes, mais le plus souvent comme appartenant à des genres distincts.

Ainsi la même plante qui se développe d'abord avec les caractères d'un *Uredo* produit plus tard les fructifications caractéristiques d'un *Puccinia* ou d'un *Phragmidium*.

D'autres *Uredo* développent dans une autre saison une autre forme d'organes reproducteurs, dont on avait formé le genre *Melampsora*.

De ses recherches attentives et répétées M. Tulasne conclut que la plupart des Urédinées donnent naissance à des organes de fructification de deux natures : les uns, se développant en premier, ont les caractères attribués aux *Uredo;* les autres, constituant leur fructification définitive, se rapportent aux genres *Uromyces*, *Puccinia*, *Phragmidium*, *Melampsora*, *Cronartium*, etc.

Une seconde question importante traitée dans ces mémoires est celle des spermogonies des Urédinées, c'est-à-dire de l'existence d'organes auxquels on pourrait attribuer, comme dans les Lichens, le rôle fécondateur.

Sur beaucoup de feuilles qui sont le siége de diverses Urédinées, on avait signalé l'existence de petits Champignons rapportés à la

[1] *Annales des sciences naturelles*, 4e série, t. II, p. 77.

même famille sous le nom d'*Æcidiolum exanthematum*, et déjà, en 1851, M. Tulasne avait été porté à les assimiler aux spermogonies des Lichens, si bien décrites par lui, opinion admise par M. de Bary dans ses études sur les Champignons parasites.

Les observations nombreuses, si précises et si bien suivies de notre savant compatriote, ne peuvent plus laisser de doute sur l'association de ces petits végétaux à d'autres Urédinées des genres *Æcidium*, *Peridermium*, *Cœoma*, *Uredo*, *Uromyces*, *Puccinia*, *Triphragmium*, *Phragmidium*[1].

Leur rapport de position, leur naissance fréquente sur un même *stroma* ou *mycelium*, leur développement précédant généralement un peu celui de la vraie fructification, rendent très-probables les fonctions qu'on leur attribue, qu'il serait peut-être impossible de vérifier par l'expérience.

M. Tulasne complète ses études sur les Urédinées et les Ustilaginées par des recherches très-étendues sur un sujet encore fort obscur, la germination des diverses sortes de spores de ces petits Champignons; il en résulte que, dans beaucoup de cas, ces spores, au lieu de produire directement des filaments, s'allongeant indéfiniment pour former le *mycelium* d'un nouvel individu, donnent naissance à un filament-germe de peu d'étendue, sorte de *prothallium* sur lequel se développent une ou plusieurs sporidies, terminant des petits rameaux latéraux, véritables stérigmates. Ce sont ces sporidies qui, par une germination postérieure, deviendraient l'origine du nouveau végétal.

Ces observations faites, au moyen de la germination dans l'air humide, sur la plupart des genres d'Urédinées et d'Ustilaginées, jettent sans doute beaucoup de jour sur le mode de reproduction de ces Cryptogames parasites, et il y aura un grand intérêt à les combiner avec les observations faites plus récemment, par M. A. de Bary, sur la germination de ces corps reproducteurs sur la surface

[1] *Comptes rendus*, 14 décembre 1852, t. XXXV, p. 841.

même des organes dans lesquels ils doivent pénétrer, et qui établissent d'une manière évidente et expérimentale le mode de pénétration et de propagation de ces Champignons parasites, question qui avait été mise au concours quelques années auparavant par l'Académie des sciences, sans recevoir alors de solution.

Ces recherches, que leur origine étrangère exclut de notre examen approfondi, sont venues, du reste, confirmer et étendre encore les idées de M. Tulasne sur le polymorphisme de certaines espèces de Champignons; elles montrent aussi ce qu'il y avait de fondé dans les opinions, considérées comme des préjugés, des agriculteurs et des horticulteurs relativement à l'influence de certains végétaux sur les maladies d'autres plantes, en établissant que les Champignons parasites d'une plante peuvent, par une génération alternante, donner naissance, au moyen de leurs spores germant sur une autre plante, à un Champignon offrant souvent des caractères forts différents du premier, qui n'en est cependant qu'une seconde forme, et qu'il reproduira par ses séminules répandues sur la plante qui l'avait produit en premier.

C'est ainsi que l'*Æcidium* de l'Épine-Vinette (*Æcidium berberidis*) est produit par l'*Uredo* de la rouille des Graminées ou Puccinie de ces plantes (*Uredo linearis* et *Puccinia graminis*), et, réciproquement, cet *Æcidium* peut produire le Champignon parasite des céréales. De même l'*Æcidium cancellatum* ou *Ræstelia cancellata*, qui détermine sur les poiriers ces taches orangées qui couvrent quelquefois leurs feuilles, provient des spores d'un Champignon parasite sur les genévriers et particulièrement sur la Sabine (*Juniperus sabina*), que sa structure toute différente a fait placer dans un genre particulier, *Podisoma*, classé jusqu'alors auprès des Tremelles.

Les expériences relatives à l'*Æcidium berberidis* et au *Puccinia graminis* sont dues particulièrement à M. A. de Bary, professeur à Fribourg, et à M. Œrsted, professeur à Copenhague. Les expériences sur le *Ræstelia cancellata* provenant des spores du *Podisoma juniperi* ont été publiées par M. Œrsted en juin 1865. Mais déjà des faits nombreux établissaient d'une manière plus précise que pour le cas précédent l'influence positive du *Podisoma* du genévrier sur la production du *Rœstelia cancellata* des poiriers. M. Decaisne avait constaté, au Muséum d'histoire naturelle de Paris, que la présence de genévriers portant des *Podisoma* avait infecté une plantation de poiriers au milieu desquels on les avait fait planter, et que la suppression de ces genévriers avait amené, l'année suivante, la disparition du parasite des poiriers. Plusieurs faits du même genre ont été cités, quoique ne présentant peut-être pas le même caractère expérimental. En janvier de cette année (1867), M. Guyot de Villeneuve signalait à la Société impériale d'horticulture ce fait que, près de trois cents poiriers de son jardin étant envahis par le *Rœstelia cancellata*, des genévriers plantés dans ce jardin furent arrachés, et la maladie ne reparut plus les années suivantes. Ces observations annonçaient bien la corrélation de l'existence de ces végétaux avec la maladie due au parasitisme, mais des semis directs ont été, à ce qu'il paraît, opérés avec succès, pour la première fois, par M. OErsted, en 1865.

En ce qui concerne la rouille des céréales, il faut cependant remarquer que sa reproduction doit aussi avoir lieu sans l'intervention de l'*Æcidium* de l'Épine-Vinette, car cet arbuste n'est pas assez répandu dans beaucoup de nos campagnes pour être la seule cause de l'existence trop générale de cette maladie des céréales.

Ces expériences expliquent l'opinion des agriculteurs et des horticulteurs qui attribuaient à l'Épine-Vinette croissant près des champs de blé une influence sur la production de la rouille de ces céréales, et qui croyaient que la Sabine cultivée dans un jardin était la cause de la présence du Champignon parasite des feuilles des poiriers.

L'examen attentif des faits signalés vaguement jusqu'alors et des expériences positives sont ainsi venus confirmer l'opinion considérée pendant longtemps comme un préjugé des praticiens de la campagne.

On voit combien l'étude de ces petits êtres, si peu dignes, au premier abord, de notre attention, touche de près aux questions les plus élevées de la physiologie générale et de l'économie de la nature; combien même elle peut avoir d'applications utiles.

Ces recherches sur les phases diverses du développement des Champignons ont conduit M. Tulasne à un autre résultat, intéressant par la plante qui en est l'objet, puisque sous une de ses formes elle constitue l'Ergot du Seigle[1].

L'Ergot du Seigle, dont les propriétés médicinales sont si remarquables, a été l'objet des recherches d'un grand nombre de mycologistes. Le considérant d'abord comme un *Sclerotium*, on avait reconnu que ce corps se couvrait, dans les premiers temps de son développement, d'un duvet filamenteux donnant naissance à des corpuscules que plusieurs botanistes[2] avaient considérés comme les spores de ce Champignon et comme son mode de reproduction définitif, et l'on en avait fait un genre distinct sous le nom de *Sphacelia*. Mais ce *Sclerotium* lui-même n'était-il, comme M. Léveillé le pensait pour les *Sclerotium* en général, qu'un premier degré du développement d'un Champignon parfait, qu'un *mycelium* ou *stroma* condensé, et, dans ce cas, à quelle espèce de Champignon donnait-il naissance? Quelques observations imparfaites et mal interprétées par leurs auteurs pouvaient le faire présumer; mais c'est à M. Tulasne qu'on doit de l'avoir réellement constaté et bien établi. L'Ergot n'est en effet qu'un *Sclerotium* qui, placé dans des conditions convenables, à la surface du sol humide, donne naissance à un pédicelle cylindrique terminé par un capitule sphérique formé par les conceptacles d'une Sphérie, remplis de thèques et de spores; c'est le genre *Claviceps*, dont M. Tulasne distingue trois espèces provenant des Ergots ou *Sclerotium* développés sur les ovaires de diverses Graminées et Cypéracées.

Ainsi ces Champignons, naissant sur les pistils de ces végétaux,

[1] *Annales des sciences naturelles*, troisième série, t. XX; 1853. — [2] MM. Fée, Léveillé.

se montrent d'abord sous la forme du *Sphacelia* produisant des spermaties ou conidies, puis sous forme d'un *Sclerotium* compacte et stérile, qui constitue ce qu'on nomme l'Ergot, puis enfin acquièrent leur forme parfaite avec les caractères d'une Hypoxylée des plus complètes.

Ces observations conduisaient naturellement M. Tulasne à rechercher dans d'autres Champignons ces formes multiples de l'appareil reproducteur.

Les mêmes conséquences résultent en effet de l'étude attentive des *Erysiphe*, ces petits Champignons si élégants sous le microscope, qui couvrent de leur duvet blanchâtre les feuilles des végétaux vivants et deviennent pour eux une grave maladie.

En effet, le trop fameux *Oïdium* de la Vigne n'est autre chose que la forme *conidifère* d'un *Erysiphe*, qui, dans nos contrées, n'arrive jamais à sa forme la plus complète, c'est-à-dire à présenter le *peridium* contenant des thèques et des spores qui caractérisent ces Champignons à l'état parfait, mais qui se propage avec une malheureuse facilité par les conidies qui se développent en abondance sur son *mycelium*, et, dans quelques cas, par des stylospores se formant dans des conceptacles particuliers, d'abord observés par Amici, et qui étaient devenus pour quelques auteurs le type d'un genre particulier diversement baptisé par eux.

La plupart des Érysiphés présentent, outre ces conidies en chapelet ou terminant les filaments dressés du *mycelium* et les pycnides remplis de spores libres, des conceptacles ou périthécies contenant des thèques ou sporanges renfermant les spores : ces plantes offrent donc un exemple frappant et bien constaté des formes et des origines multiples des corps reproducteurs des Champignons.

Ces observations si multipliées, portant sur des groupes divers de cette grande classe des Champignons et tendant à modifier si profondément les idées des mycologues, soit au point de vue de la nature des corps reproducteurs de ces êtres, soit au point de vue de leur classification, se trouvaient dispersées dans plusieurs mémoires importants et dans des notes, quelquefois nécessairement restreintes, insérées dans des recueils qui ne pouvaient publier qu'une partie des dessins nécessaires pour reproduire les observations de ces scrupuleux botanistes.

Il était à désirer que l'ensemble de leurs doctrines sur cette importante question et la discussion des autres opinions sur ce sujet pussent être exposés avec tous les développements nécessaires et que les faits sur lesquels elles reposent fussent présentés avec les détails descriptifs et les figures analytiques qui doivent porter la conviction dans l'esprit des naturalistes. C'est ce que MM. Tulasne ont fait dans le grand ouvrage qu'ils ont publié, de 1861 à 1866, sous le titre de *Selecta Fungorum Carpologia*[1].

Cet ouvrage, entièrement rédigé en latin, de manière à rendre sa connaissance également facile aux naturalistes de tous les pays, forme trois volumes grand in-4° sortant des presses de l'Imprimerie impériale, et comprend 61 planches, aussi remarquables par la perfection de la gravure que par la précision et l'élégance des dessins de M. le docteur Charles Tulasne, l'un des auteurs de cette importante publication.

Dans des prolégomènes très-étendus sur la nature, le mode d'existence et la propagation des Champignons, on trouve exposées les diverses opinions qui ont successivement partagé les savants sur ces questions obscures; on y retrace les résultats des travaux modernes et surtout des recherches propres aux auteurs sur ces divers points, particulièrement sur les modes si variés de la reproduction de ces végétaux, but essentiel de cette grande publication.

Une étude approfondie des espèces d'Érysiphés, de leur développement et de leurs diverses formes d'organes reproducteurs,

[1] *Selecta fungorum carpologia, ea documenta et icones potissimum exhibens quæ varia fructuum et seminum genera in eodem fungo simul aut vicissim adesse demonstrent, junctis studiis ediderunt* Lud. Ren. Tulasne et Car. Tulasne; Parisiis, 1861-1865, 3 volumes grand in-4°.

accompagnée de 5 planches d'analyses microscopiques, termine le premier volume. Le deuxième est consacré à l'étude de divers genres de la famille des Hypoxylées ou Pyrénomycètes, rapportés aux tribus des Xylariées, des Valsées ou des Sphériées. MM. Tulasne font connaître l'organisation d'un grand nombre d'espèces de ces familles, qui présentent des exemples frappants à l'appui de leur opinion sur la multiplicité des organes reproducteurs d'un même Champignon, montrant successivement sur le même individu le développement des conidies, des spermaties, des stylospores et des thécaspores, qui souvent l'ont fait classer dans deux ou trois genres différents; 34 planches représentent toutes ces modifications de l'organisation.

Le troisième volume continue l'étude des Hypoxylées par les genres appartenant à la tribu des Nectriées; il comprend également les résultats des recherches des auteurs sur deux tribus des Discomycètes, les Phacidiées et les Pezizées. Toutes ces plantes, dont les analyses microscopiques sont admirablement représentées sur 22 planches, fournissent de nouvelles preuves de la thèse soutenue par MM. Tulasne et offrent souvent des associations de plantes rapportées à des genres encore plus différents en apparence que ceux que leurs études précédentes leur avaient fait voir dans un même type spécifique.

En dehors des recherches sur leur mode de reproduction et sur leur classification, les Champignons ont été l'objet de peu de travaux importants; nous devons cependant rappeler ici les expériences sur la phosphorescence de quelques espèces de cette famille.

M. Tulasne (L. R.) a fait, pendant un séjour à Hyères, d'intéressantes observations sur la phosphorescence de l'Agaric de l'Olivier (*Agarius olearius*) et du *Rhizomorpha subterranea* [1]. Il en résulte que ce phénomène singulier a lieu sur ces plantes dans leur état

[1] *Annales des sciences naturelles*, 3ᵉ série, t. IX, p. 338; 1848.

de végétation le plus parfait; qu'il n'est pas, par conséquent, le résultat de l'altération de leurs tissus, et qu'il peut se présenter dans tous ces tissus lorsqu'ils sont exposés au contact de l'air; mais il n'avait pu, dans les conditions où il se trouvait placé, soumettre ces Champignons à des expériences propres à déterminer la nature même du phénomène.

M. Fabre, professeur au lycée d'Avignon, a complété l'étude de cette question par des recherches très-étendues sur les conditions physiques dans lesquelles cette phosphorescence de l'Agaric de l'Olivier se présente[1].

Si la température moins élevée du lieu de ses observations limitait la production de lumière aux parties ordinairement les plus phosphorescentes, c'est-à-dire aux lames de la face inférieure du chapeau, et indiquait une moindre énergie dans le phénomène, d'un autre côté les moyens que ce savant a eus à sa disposition lui ont permis de soumettre ces Champignons à des expériences intéressantes, qui lui ont montré :

1° Que la phosphorescence n'a lieu que dans des milieux renfermant de l'oxygène;

2° Qu'elle est accompagnée d'une production d'acide carbonique plus considérable que celle qui a lieu lorsque la plante n'est pas lumineuse;

3° Que la phosphorescence a lieu le jour comme la nuit, lorsqu'on prend toutes les précautions nécessaires pour apprécier les faibles lueurs émises par le Champignon;

4° Qu'un abaissement de température suffisant (à + 4° environ) fait cesser la phosphorescence.

Ces résultats, qui s'accordent avec ceux qui ont déjà été obtenus par des expériences sur les animaux phosphorescents, s'appliqueraient probablement aux autres cas, assez rares, de phosphorescence des végétaux.

[1] *Recherches sur la phosphorescence de l'Agaric de l'Olivier*, par M. Fabre. (*Annales des sciences naturelles*, quatrième série, t. IV, p. 179; 1855.)

II. — Phanérogamie.

Nous donnerons moins de développement à l'examen des travaux monographiques qui ont pour objet des familles de plantes phanérogames, ces travaux, malgré leur intérêt pour les progrès de la botanique, ayant chacun en particulier moins d'influence sur la marche de la science que ceux qui touchent aux Cryptogames, et les questions qui se rapportent à l'organographie générale rentrant parmi celles qui ont fait l'objet de la première partie de cette revue.

Monocotylédones. — Beaucoup de familles de cette grande division du règne végétal n'ont été l'objet que de travaux partiels et assez limités : ainsi les Liliacées et les Amaryllidées, qui semblent occuper le centre de cet embranchement, n'ont donné lieu qu'à des études de détail sur les Narcisses, et particulièrement sur l'origine de la collerette de leurs fleurs[1], par M. J. Gay; à des recherches spécifiques sur les Asphodèles[2] et sur divers *Allium*[3], par le même savant; à des observations sur une nouvelle espèce de *Phormium* ou Lin de la Nouvelle-Zélande, par M. Le Jolis, de Cherbourg.

Les Broméliacées, qui ont été introduites en grand nombre dans nos serres depuis une trentaine d'années, ont amené l'établissement de quelques genres nouveaux et la description d'espèces remarquables par leur beauté[4].

Le développement et la structure des fleurs des Philésiacées, des Roxburghiées et des Taccacées[5] ont été le sujet de dissertations intéressantes de M. Baillon.

Les Monocotylédones à fleurs irrégulières, comprenant, outre les Orchidées, les familles de Zingibéracées, des Cannées, des Ma-

[1] *Annales des sciences naturelles*, 4e série, t. X, p. 75.

[2] *Ibid.* t. VII, p. 116.

[3] *Annales des sciences naturelles*, 3e série, t. VIII, p. 195.

[4] *Description des genres nouveaux Neumannia, Arœococcus, Pogospermum*, par M. Brongniart.

[5] *Adansonia*, t. I, p. 44 et 245; t. VI, p. 246.

rantacées et des Musacées, ont fourni la matière de beaucoup plus d'études. Les Zingibéracées ont offert dans le *Zingiber Zerumbet* un cas remarquable de monstruosité, qui a été étudié avec soin par M. Arthur Gris[1]. Il y a constaté un retour plus ou moins complet à la symétrie florale par le développement, dans certaines fleurs, de trois staminodes symétriquement placés et de trois étamines fertiles, disposition qui rattache cette famille au type hexandre ordinaire des Monocotylédones, tandis que les observations organogéniques faites sur d'autres genres de cette famille avaient conduit à admettre l'absence complète du verticille staminal externe et donné au labelle une origine très-différente de l'origine constatée ici.

Ces sortes de pélories, très-rares dans les plantes monocotylédones, jettent beaucoup de jour sur l'organisation de la fleur dans des familles qui s'éloignent tant de la symétrie florale habituelle des végétaux de cette grande division du règne végétal.

La famille des Marantacées, considérée souvent comme une simple tribu des Cannées, mais que l'ensemble de son organisation permet bien d'élever au rang de famille distincte, a été l'objet de travaux plus étendus.

Le même botaniste que nous venons de citer, M. Arthur Gris, s'est occupé d'une manière spéciale de l'étude des Marantacées des serres et des herbiers du Muséum, soit au point de vue de leur détermination, soit surtout en ce qui concerne la structure de leurs fleurs.

Déjà bien des auteurs avaient étudié les singuliers organes pétaloïdes qui entrent dans la constitution de la fleur de ces plantes et des *Canna;* et l'opinion émise, il y a longtemps, par M. Lestiboudois et par R. Brown, suivant laquelle ils représentent des étamines avortées et constituent ainsi ce qu'on nomme des *staminodes*, est généralement adoptée. M. Gris n'a pas cherché à remonter à leur origine, et, sans se prononcer sur la question de la symétrie florale, il admet, avec la plupart des botanistes, qu'ils représentent les deux

[1] *Annales des sciences naturelles*, 4e série, t. XI.

verticilles ternaires des fleurs des Monocotylédonées; mais il s'est appliqué à déterminer quel pouvait être le but de la forme bizarre qu'affecte constamment chacune de ces staminodes, et il a vu qu'elle était liée au mode de fécondation de ces végétaux[1].

Il a d'abord démontré expérimentalement que, contrairement à l'opinion récemment émise par le savant monographe des Marantées, M. Kornike, l'appareil glanduleux qui surmonte la lèvre supérieure du style n'est point le stigmate, mais un appareil collecteur du pollen; que le véritable stigmate est l'entonnoir qui termine le style, dont la sécrétion stigmatique détermine le développement et la pénétration des tubes polliniques.

En étudiant des fleurs à différents âges et en pratiquant des fécondations artificielles, M. Gris a pu déterminer le but physiologique des formes singulières et constantes de deux des staminodes : le staminode en forme de capuchon ou cucullé détermine le dépôt du pollen sur la plate-forme qui surmonte le style et qu'on avait prise pour le stigmate; le staminode calleux, contre lequel le style vient heurter brusquement, favorise le transport et la pénétration du pollen dans la cavité infundibuliforme du stigmate. Ainsi, tous deux concourent à la fécondation, et la constance de leurs formes essentielles et caractéristiques est liée à l'accomplissement de cette fonction.

On attribuait à plusieurs genres de Marantacées un ovaire uniloculaire et monosperme; M. Gris a montré que, dans ces plantes, il existait constamment trois loges à l'ovaire, mais dont deux, stériles, étaient dépourvues d'ovules; la troisième seule renfermait un ovule.

Dans un travail postérieur[2], le même savant, étudiant spécialement la graine de ces plantes, a montré la manière dont la chalaze et

[1] *Observations sur la fleur des Marantées*, par M. Arthur Gris. (*Ann. des sciences nat.* 4e série, t. XII, p. 193.)

[2] *Note sur l'origine et le mode de formation des canaux périspermiques dans la graine des Marantées*, par le même. (*Annales des sciences naturelles*, 4e série, t. XIII, p. 97.)

les vaisseaux qui la constituent, pénétrant profondément dans la graine, y donnent naissance à un ou deux canaux dont l'origine et la nature avaient été complétement méconnues.

En suivant le développement de l'ovule et de la graine, il a démontré particulièrement que les deux canaux recourbés et parallèles à l'embryon qu'on avait signalés dans la graine du *Thalia dealbata* n'avaient pas une autre origine et ne correspondaient pas, comme un illustre botaniste[1] l'avait supposé, à deux embryons avortés.

La famille des Marantacées a été étudiée à un autre point de vue par M. Baillon[2]. Son but a été d'établir, par des études organogéniques, la nature et la disposition de ces appendices pétaloïdes, qu'on avait, jusqu'alors, considérés comme représentant autant d'étamines transformées entrant dans la composition d'un androcé diplostémoné, dont quelques parties avortaient complétement.

D'après les observations de M. Baillon sur le développement de la fleur du *Thalia dealbata*, qu'il a confirmées par l'étude de quelques autres genres, la symétrie florale des Marantacées serait très-différente. Ces plantes n'auraient qu'un seul verticille staminal, superposé aux divisions internes du périanthe; mais un ou deux de ces organes, d'abord simples au moment de leur apparition, se dédoubleraient de manière à donner naissance à trois ou quatre staminodes outre l'étamine fertile, divisée elle-même en une loge pollinifère et un appendice pétaloïde.

Ainsi s'expliqueraient le nombre variable des parties de l'androcé transformé, qui n'atteint jamais celui de deux verticilles ternaires, la position peu régulière des staminodes et la grande différence de leur forme.

Ces résultats, que les dessins de M. Baillon semblent mettre hors de doute, rendraient, comme il le remarque, la dissemblance

[1] R. Brown, *Prodromus floræ novæ Hollandiæ*, p. 307.

[2] *Mémoire sur la symétrie et l'organogénie florale des Marantées*, par M. Baillon. (*Adansonia*, t. I, p. 306; avril 1861.)

des Marantées et des Cannées, relativement aux autres Monocotylédones à fleurs irrégulières, beaucoup plus grande qu'on ne l'avait pensé, aucun dédoublement de ce genre n'ayant été jusqu'à présent signalé parmi les Monocotylédones.

La famille des Musacées n'a donné lieu qu'à quelques observations sur la nature et la disposition des parties de la fleur[1]. M. Brongniart a montré que les fleurs des *Musa* et des *Strelitzia*, d'une part, et celles des *Heliconia*, d'un autre côté, ne devaient pas leur irrégularité au même genre d'avortement et de soudure des organes floraux : différence qu'on ne se serait pas attendu à rencontrer dans des genres si analogues en apparence.

Les plantes de la famille des Orchidées ont été l'objet de travaux intéressants de deux natures très-différentes. Les uns ont eu pour objet de faire connaître des espèces nouvelles ou mal décrites et d'étendre ainsi nos connaissances sur le nombre et la répartition géographique de ces plantes remarquables. Telle est la *Monographie des Orchidées recueillies dans la chaîne des Nilgherries* (Indes orientales) par M. Perrotet, décrites par M. A. Richard[2]. Des indications intéressantes sur la végétation des montagnes dans lesquelles ces plantes ont été recueillies servent d'introduction à ce travail.

Sous le titre d'*Orchidographie mexicaine*, MM. Richard et Galeotti se proposaient de publier, avec tous les détails et les figures que nécessitait une publication de cette nature, les Orchidées recueillies au Mexique par MM. Galeotti, Linden, Funck et Giesbreght. Cet ouvrage considérable, qui fut présenté à l'Académie des sciences le 25 mars 1845, n'a pas paru, mais les auteurs en ont publié, dans les *Annales des sciences naturelles*[3], une sorte de prodrome, qui

[1] *Note sur la symétrie florale des Musacées.* (*Bulletin de la Société botanique*, t. III, p. 170; 1856.)

[2] *Annales des sciences naturelles*, 1841, t. XV, p. 5, 65. — Ce mémoire comprend la description de trente-huit espèces dont trente-deux sont signalées pour la première fois et dont une forme le nouveau genre *Birchea*.

[3] 3e série, t. III, p. 15.

comprend les caractères spécifiques de 137 espèces dont 6 constituent autant de genres nouveaux.

Au point de vue de leur structure anatomique et surtout de leur développement, les Orchidées ont donné lieu à des travaux plus importants.

M. Henri Fabre, professeur au lycée d'Avignon, a dirigé ses recherches sur nos Orchidées indigènes. Dans une thèse pour le doctorat ès sciences, en 1855, il a fait une étude approfondie du développement des bulbes de l'*Himantoglossum hircinum;* dans un travail publié l'année suivante *sur la germination des Ophrydées et la nature de leurs tubercules*[1], il a pu remonter à la première origine de ces organes lors de la germination, si peu étudiée jusqu'alors dans cette famille, et lors même qu'on différerait un peu dans certains points sur les déductions à tirer de ses observations, on ne saurait méconnaître leur exactitude, le soin avec lequel elles ont été suivies et la nouveauté de plusieurs d'entre elles.

A l'époque où paraissaient ces études sur les Ophrydées, un autre botaniste, M. Prillieux, dirigeait son attention sur la germination des Orchidées exotiques et épiphytes. Dans un premier mémoire fait en commun avec M. Auguste Rivière, jardinier en chef du Luxembourg, M. Prillieux suivait le développement de l'*Angræcum maculatum*[2], depuis sa germination jusqu'à son état adulte, et pouvait ainsi ajouter des faits importants aux faits déjà signalés sur la même plante d'une manière incomplète par Link. Plus tard, ses observations sur la germination du *Miltonia spectabilis* et de diverses autres Orchidées[3] étendirent et permirent de généraliser les faits déjà observés. Toutes ces observations, aussi bien que celles qui avaient déjà été faites par d'autres savants, nous montrent l'embryon des Orchidées complétement dépourvu de cotylédons ou de feuilles et de racines, ne produisant ces organes qu'après un accroissement assez considérable, sous forme de tuber-

[1] *Annales des sciences naturelles*, 4e série, t. III, p. 253; t. V, p. 163.

[2] *Ibid.* 4e série, t. V, p. 119.

[3] *Ibid.* 4e série, t. XIII, p. 298.

cule, de la tigelle, qui constitue à elle seule l'embryon, avant la germination.

M. Prillieux avait déjà, à cette époque, étudié avec beaucoup de soin la structure si anomale d'une des Orchidées les plus répandues dans nos bois, le *Neottia nidus-avis*[1]; il avait constaté que cette plante n'était pas parasite, ainsi que son apparence pouvait le faire croire; que son rhizome n'était pas vivace à la manière de celui des autres Orchidées terrestres; enfin que ses racines avaient la faculté singulière de produire à leur extrémité des bourgeons adventifs qui pouvaient multiplier la plante. Ces observations intéressantes sur une des plantes les plus communes dans toute la France, celles de M. Germain de Saint-Pierre sur le *Corallorhiza innata*[2], Orchidée non moins singulière, et celles de M. Fabre que nous avons citées plus haut, montrent combien il reste encore de recherches à faire sur le développement, la structure et le mode d'existence de nos plantes indigènes.

M. Prillieux, qui s'est consacré avec une louable persévérance à l'étude des Orchidées au point de vue organographique et physiologique, a comparé dans les divers genres de cette famille le mode de déhiscence des fruits et montré qu'ils présentent des différences très-notables et sont loin d'offrir l'uniformité que semblaient leur attribuer les classificateurs [3].

Une Orchidée singulière, voisine des *Cypripedium*, l'*Uropedium Lindenii*, introduite depuis peu de temps dans nos jardins, a présenté à M. Brongniart une organisation qui semble un retour du type des *Cypripedium* à une régularité presque complète[4] : trois étamines formant un verticille régulier, au lieu des deux qui existent dans les *Cypripedium*. Dans cette plante, en effet, une troisième étamine, placée devant le labelle, vient compléter le verticille staminal in-

[1] *Annales des sciences naturelles*, 4e série, t. V, p. 267.

[2] *Bulletin de la Société botanique*, t. IV, p. 766.

[3] *Bulletin de la Société botanique*, t. IV, p. 803.

[4] *Ann. des sciences naturelles*, 3e série, t. XIII, p. 113.

terne, qui n'est représenté que par deux étamines dans les *Cypripedium*. Cette observation prouve que les deux étamines des plantes de ce genre n'appartiennent pas au même verticille que l'étamine unique des autres Orchidées, et que le type complet de ces plantes devrait présenter six étamines.

Enfin, pour compléter l'exposé des travaux relatifs à la famille des Orchidées, nous signalerons les deux mémoires de M. Chatin sur l'anatomie des plantes aériennes de l'ordre des Orchidées, concernant : 1° l'anatomie des racines; 2° l'anatomie du rhizome, de la tige et des feuilles[1]; mémoires qui rentrent plus dans les travaux anatomiques que dans les questions de phytographie. Cependant les observations de M. Chatin, jointes aux observations plus anciennes de MM. Schleiden, Hugo Mohl, Trécul, concourent à nous faire connaître la structure, remarquable à bien des égards, des racines et des feuilles de ces végétaux, et à compléter nos connaissances sur cette famille, dont le mode de végétation présente tant de singularité et dont on a plus généralement étudié l'organisation florale.

Le *Vallisneria spiralis*, si célèbre par les phénomènes qui accompagnent la fécondation de ses fleurs, a été l'objet d'études très-approfondies de la part de M. Chatin[2]; la culture de cette plante dans les bassins de nos jardins de botanique lui a permis d'en suivre le développement avec soin et de relever diverses erreurs commises à son égard par les botanistes les plus justement estimés, ou de décider entre des opinions contradictoires et encore incertaines. Il a fait connaître, en outre, un détail de l'organisation de la longue hampe florale des fleurs femelles, qui paraît être la cause de la torsion spirale qui succède à la floraison et qui a fait donner à cette plante son nom spécifique.

Dans des communications à la Société botanique[3] et dans la

[1] *Mémoires de la Société impériale des sciences naturelles de Cherbourg*, t. IV, 1856; t. V, 1857.

[2] *Mémoire sur le* VALLISNERIA SPIRALIS, par Ad. Chatin, in-4° de 31 pages et 5 planches.

[3] *Bulletin de la Société botanique*, t. IV, p. 156.

partie de son *Anatomie comparée des végétaux* consacrée aux plantes aquatiques[1], le même savant a étendu ses observations aux divers genres de la famille des Hydrocharidées, dont il a proposé la division en tribus qui paraissent fondées sur une juste appréciation de la structure de ces végétaux.

La classe des Aroïdées a donné lieu à plusieurs travaux intéressants, mais qui la plupart se rapportent plutôt à la structure anatomique de leurs organes de végétation qu'à la morphologie et à la classification de ces végétaux. Telles sont les études de M. Trécul sur les vaisseaux laticifères de ces plantes[2], qui forment un chapitre important de ses recherches sur ce système de vaisseaux, et celles de M. Van Tieghem sur la structure de cette même famille[3]. Cependant ces dernières, comprenant l'examen de l'organisation des diverses parties de ces végétaux et la comparaison de la structure des tiges dans un grand nombre de genres différents de cette famille, doivent être considérées comme une monographie anatomique de ce groupe de végétaux, ainsi que des Typhacées et des Pandanées, dont l'auteur compare l'organisation avec celle des Aroïdées.

Ces recherches, si elles se multipliaient, deviendraient les éléments d'une anatomie comparée des végétaux et nous éclaireraient sur l'importance qu'on peut attribuer à l'anatomie des organes de la végétation dans la classification naturelle du règne végétal.

Un travail qui rentre plus spécialement dans notre cadre est celui de M. Weddell sur une nouvelle espèce de *Wolfia,* de la petite famille des Lemnacées ou Lentilles d'eau, découverte par lui au Brésil[4]. Cette plante est, sans aucun doute, la plus petite et l'on

[1] Cette partie de l'ouvrage de M. Chatin comprend les Hydrocharidées, les Alismacées, les Butomées et les Juncaginées; elle présente des observations intéressantes sur plusieurs points de l'organisation de ces plantes.

[2] *Comptes rendus de l'Académie des sciences,* 26 décembre 1865 et 2 janvier 1866.

[3] *Annales des sciences naturelles,* 5e série, t. VI, p. 72.

[4] *Ibid.* 3e série, t. XII, p. 155.

peut dire la plus simple des plantes phanérogames : elle ne consiste qu'en une petite fronde ovale, flottant sur l'eau, qui n'atteint pas, dans sa plus grande dimension, un demi-millimètre. Cette fronde est cependant composée d'une petite masse cellulaire, recouverte d'un épiderme supérieur avec stomates, et produit une petite fleur formée d'une étamine et d'un pistil contenant une seule graine. Toutes ces parties, malgré leur extrême petitesse, ont été étudiées, disséquées et figurées par M. Weddell, dont le travail, fort intéressant, est un vrai tour de force.

Dans cette même classe des Aroïdées se place la famille des Cyclanthées, dont M. Brongniart a fait connaître une espèce remarquable, provenant de la Guyane et cultivée au Muséum, plante qui peut former un genre distinct voisin des *Carludovica*, sous le nom de *Ludovia*[1].

Les singulières plantes monocotylédones croissant dans la mer qui constituent la famille des Zostéracées ont été l'objet d'études intéressantes.

Dès 1839, M. de Jussieu, dans son mémoire sur les embryons monocotylédones, avait signalé la singulière structure de celui des Zostéracées et du *Posidonia Caulini* en particulier.

En 1857, M. Germain de Saint-Pierre avait appelé de nouveau l'attention sur le *Posidonia Caulini*, en décrivant la germination de cette plante, qui couvre en certains endroits les plages de la Méditerranée, mais dont les fruits avaient été rarement étudiés, et dont la germination offre des faits remarquables[2].

Quelques années plus tard, en 1860, M. Grenier, professeur à la faculté de Besançon, a publié une histoire et une description très-détaillée de cette singulière plante[3], qui a donné lieu à des remarques intéressantes de M. J. Gay[4] et qui a été complétée par

[1] *Annales des sciences naturelles*, 4e série, t. XV, p. 360.

[2] *Bulletin de la Société botanique*, t. IV, p. 575.

[3] *Bulletin de la Société botanique*, t. VII, p. 362, 419, 448.

[4] *Bulletin de la Société botanique*, t. VII, p. 453.

une étude faite sur la plante vivante par M. Germain de Saint-Pierre[1]; enfin MM. Brongniart et Arthur Gris, par l'examen microscopique de l'ovule et de la graine, ont cherché à mieux fixer la structure de ces parties et de l'embryon[2].

Plus récemment, un autre genre de la même famille, le *Phucagrostis*, croissant également dans la Méditerranée, a été l'objet de recherches très-approfondies de la part de M. Ed. Bornet[3]. L'organographie, l'anatomie, le développement, depuis la germination jusqu'à la formation du fruit, du *Phucagrostis major* de Cavolini y sont exposés avec les plus grands détails et représentés sur 11 planches dessinées par l'auteur. C'est une monographie aussi complète que possible d'une plante de nos mers à peine étudiée dans ces derniers temps.

Dans la même année, M. Prillieux, que nous avons déjà cité pour ses recherches sur les Orchidées, publiait un mémoire fort intéressant sur l'*Altenia filiformis*[4], plante monocotylédone, croissant, comme les précédentes, dans l'eau salée des étangs des bords de la Méditerranée, mais se rapprochant plus des Naïadées d'eau douce, et surtout des *Zanichellia*, que des vraies Zostéracées; cette curieuse plante est étudiée par M. Prillieux aussi bien au point de vue anatomique que morphologique dans tous ses organes, et ce travail complète les recherches déjà publiées en Allemagne sur ce groupe de végétaux par M. Irmisch.

Nous devons rappeler également ici un mémoire de M. Planchon sur le genre *Aponogeton*[5], dans lequel, en décrivant avec détail cette plante, cultivée depuis longtemps dans nos jardins botaniques, il combat l'opinion de L. C. Richard et de Kunth, qui la plaçaient parmi les Dicotylédones, dans la famille des Saururées; mais en indiquant sa vraie place dans la famille des Naïadées, il ne fait que confirmer

[1] *Bulletin de la Société botanique*, t. VII, p. 474.

[2] *Bulletin de la Société botanique*, t. VII, p. 472.

[3] *Annales des sciences naturelles*, 5e série, t. I, p. 5.

[4] *Ibid.* 5e série, t. II, p. 169; 1864.

[5] *Ibid.* 3e série, t. I, p. 107; 1844.

l'opinion déjà émise, à cette époque, par Ad. de Jussieu, Schleiden, Brongniart, etc. sur ses affinités.

Enfin nous citerons ici les observations de M. Jacob de Cordenay sur l'organogénie florale du genre *Triglochin*[1], qui ne semble différer de celle des Monocotylédones ordinaires à fleurs complètes que par l'existence primitive de six carpelles, dont les trois externes cessent de s'accroître et disparaissent presque entièrement dans la fleur adulte.

L'importante famille des Graminées n'a été l'objet d'aucun travail général embrassant son ensemble; mais dans plusieurs flores étendues, elle a été traitée avec un soin qui mérite d'être signalé et qui contribue à la mieux faire connaître.

Dans la Flore du Chili de M. Cl. Gay, un jeune botaniste que la science a perdu prématurément, M. Émile Desvaux, avait fait de ces plantes une étude spéciale et appelé l'attention sur plusieurs caractères de la graine, en particulier, qui avaient été négligés jusqu'alors.

Dans les *Illustrationes plantarum orientalium* de MM. Jaubert et Spach, les Graminées tiennent une place importante, et les études sur les *Ægilops* et les genres voisins, qui se relient si intimement aux *Triticum* cultivés, offrent un intérêt particulier.

Enfin la Flore de l'Algérie, faisant partie de l'exploration scientifique de l'Algérie, publiée par le gouvernement et rédigée par MM. Cosson et Durieu, comprend, dans le premier volume de la partie phanérogamique, le seul qui ait paru, un travail très-étendu et très-complet sur les glumacées, Graminées et Cypéracées, de cette contrée. L'étude des espèces, de leur distinction et des limites qu'il faut établir entre elles, de leur distribution géographique et de leur classification générique, est faite avec le plus grand soin, à la suite de recherches approfondies, et ferait vivement désirer que la suite de la flore pût être rédigée sur le même plan;

[1] *Adansonia*, t. III, p. 12.

mais son étendue peut faire craindre qu'on ne le poursuive pas pour toute cette flore, qui eût été alors un monument réellement digne de la France.

Les travaux sur la famille des Graminées comprennent encore quelques études génériques, celles de M. Paul de Rouville sur le genre *Lolium*[1], de M. Duval-Jouve sur les *Aira*[2] et sur d'autres genres de notre flore, la description des genres exotiques *Aulonemia*[3] et *Anomochloa*[4], remarquables soit par leur mode de végétation, soit par la singularité de leurs caractères.

Dicotylédones. — Les Conifères et les Cycadées, malgré leur aspect si différent, forment dans le règne végétal un groupe spécial, qu'on a désigné, depuis les observations de R. Brown sur la nature de leur fruit, sous le nom de *Gymnospermes*. L'assimilation de leurs organes reproducteurs femelles à des ovules nus, quoique admise par la majorité des botanistes, trouve cependant encore des contradicteurs, et la singularité de leur organisation motive en effet la discussion et exige que tous les moyens soient employés pour arriver à résoudre ce point doublement intéressant pour l'organographie générale et pour la classification.

M. Baillon a cherché à l'élucider par des études organogéniques[5], qui l'ont conduit à admettre que ce que R. Brown et ceux qui adoptent ses idées considèrent comme des ovules serait, comme Mirbel le pensait, de vrais pistils, et la partie indiquée comme le nucelle constituerait un ovule nu et dressé.

Bien des objections s'élèvent contre ce résultat de l'organogénie, et les partisans de la gymnospermie sont loin de considérer la

[1] *Monographie du genre* Lolium, par M. Paul de Rouville; Montpellier, 1853.

[2] *Bulletin de la Société botanique de France*, 1865.

[3] Justin Goudot. (*Annales des sciences naturelles*, 3e série, t. V, p. 75.)

[4] Ad. Brongniart. (*Annales des sciences naturelles*, 3e série t. XVI, p. 368.)

[5] *Adansonia*, t. I, p. 1. — *Annales des sciences naturelles*, 4e série, t. XIV, p. 186.

question comme résolue; les observations sur la première apparition de ces organes sont souvent bien obscures, et l'étude de l'organisation plus développée, ainsi que celle des familles voisines, des Podocarpées[1] et des Cycadées, font naître bien des doutes sur la valeur des observations organogéniques dans ce cas[2].

Mais en supposant même que, organographiquement, la graine des Conifères et des Cycadées fût un fruit, comme le pensent MM. Payer et Baillon, physiologiquement, ces végétaux n'en présenteraient pas moins une organisation toute spéciale, puisque le pollen agirait toujours directement sur le sommet du nucelle.

Au point de vue descriptif, nous devons signaler l'ouvrage de M. Carrière sur les Conifères, qui, tout en suivant l'excellent modèle fourni par le traité d'Endlicher, y a ajouté des renseignements intéressants, particulièrement sur les espèces introduites dans nos cultures.

Dans un ordre de travaux plus spéciaux, MM. Brongniart et Arthur Gris ont fait connaître plusieurs des Conifères de la Nouvelle-Calédonie, et M. Tulasne a décrit les Gnétacées du Brésil.

Pour les Cycadées, la description du nouveau genre mexicain *Ceratozamia*, par M. Brongniart, et celle d'une nouvelle espèce du Pérou, par M. Weddell, ont ajouté quelques faits à l'histoire de cette petite famille, si importante par son rôle dans la végétation ancienne du globe.

Quant aux plantes dicotylédones ordinaires ou *Angiospermes*, beaucoup de familles ont donné lieu en France à des monographies étendues et importantes par l'étude de plus en plus approfondie que leurs auteurs ont faite de l'organisation des végétaux qu'ils avaient à considérer.

[1] Les observations de M. Favre, de Genève, sur les fleurs femelles des *Podocarpus* paraissent les assimiler complétement à des ovules anatropes. (*Annales des sciences nat.* 5e série, t. III, p. 379; 1865.)

[2] Des travaux importants ont été publiés sur ce sujet par les botanistes étrangers, à l'appui de l'une et de l'autre thèse; nous citerons particulièrement ceux de MM. Dickson, Parlatore et Caspary, dont nous ne pouvons discuter ici les observations et les opinions.

L'organographie et l'organogénie, l'anatomie elle-même, y pénètrent à des degrés divers; ce ne sont plus seulement les caractères des genres ou des espèces qu'on examine dans la plupart de ces travaux monographiques, mais tous les points de l'organisation, et les affinités qui en résultent avec les autres groupes de végétaux sont discutées d'une manière plus complète.

Le nombre considérable de ces travaux, plus multipliés peut-être en France que partout ailleurs, nous obligera à être très-concis en les signalant; car si nous voulions examiner ce que chacun d'eux présente de nouveau, nous dépasserions de beaucoup les limites de cette revue. C'est de leur ensemble que résultent les progrès de la botanique systématique générale, dont ils sont les éléments approfondis.

On verra qu'aux noms, célèbres pendant les quarante premières années de ce siècle, d'A. L. de Jussieu, de Desfontaines, de L. C. Richard, de Dupetit-Thouars, d'Auguste Saint-Hilaire, ont succédé d'autres botanistes qui marchent sur leurs traces et profitent des progrès de la science pour creuser davantage les sujets qu'ils traitent.

Adrien de Jussieu, auquel la botanique devait déjà d'excellentes monographies des Euphorbiacées, des Rutacées et des Méliacées, a voulu, dans un nouveau travail de ce genre, étendre son plan et le rendre aussi complet que l'état de la science le permettait; après bien des années d'étude, il a publié, en 1843, un grand ouvrage intitulé: *Monographie des Malpighiacées*[1]. Il avait senti, par la rédaction même de ses monographies précédentes, que l'étude des genres ne suffisait pas pour donner des bases solides et durables à une publication de cette nature, que l'examen comparatif de toutes les espèces était nécessaire pour bien fixer les limites des genres et pour apprécier complétement l'organisation de la famille. Aussi cette monographie des Malpighiacées, qui comprend l'étude des

[1] *Archives du Muséum*, t. III; 1843.

tiges et surtout des tiges grimpantes ou lianes, celle des feuilles, des poils et des glandes si remarquables qui les accompagnent, celle de toutes les parties de la fleur et particulièrement de leur symétrie, sera toujours citée comme un modèle.

A côté de ce grand ouvrage, nous devons indiquer deux courtes monographies du même auteur, qui ont eu cependant pour résultat de faire bien connaître deux groupes de plantes dont la structure et les affinités étaient très-obscures.

L'une a pour objet le genre *Napoleona*[1], de Palisot de Beauvois, genre considéré comme formant, avec l'*Asteranthos* de Desfontaines, la famille des Napoléonées, peu nombreuse en espèces, mais une des plus remarquables par l'organisation de ses fleurs.

Aussi sa place dans la méthode naturelle a-t-elle offert bien des doutes.

Adrien de Jussieu, en ayant reconnu une nouvelle espèce dans les collections formées au Sénégal par Heudelot, a pu en donner une description plus complète que celle de Palisot de Beauvois, d'où il conclut les affinités de ce genre avec les Ébénacées et surtout avec le groupe des Symplocées.

Depuis la publication de de Jussieu, cet arbre remarquable a été introduit dans les serres en France et en Angleterre; il y fleurit abondamment, et l'on a pu constater l'exactitude des observations faites sur les échantillons secs. Mais quelques auteurs en déduisent des conséquences différentes, quant aux rapports naturels de ce genre : ainsi MM. Bentham et Hooker, dans leur nouveau *Genera plantarum*, placent le *Napoleona* dans la tribu des Lécythidées de la famille des Myrtacées, auprès du genre *Bertholletia*.

L'autre mémoire d'Adrien de Jussieu traite d'une petite famille propre à l'Afrique australe, les Pénéacées[2], que de bons matériaux réunis dans l'herbier du Muséum lui ont permis d'étudier plus com-

[1] *Note sur le genre* NAPOLEONA, par A. DE JUSSIEU. (*Annales des sciences naturelles*, 3e série, t. II, p. 222.)

[2] *Note sur la famille des Pénéacées*, par A. DE JUSSIEU. (*Annales des sciences naturelles*, 3e série, t. VI, p. 15.)

plétement qu'on ne l'avait fait jusqu'alors; il a pu examiner la structure des graines encore inconnue, distinguer dans cette petite famille cinq genres différents, en en excluant les *Geissoloma*, que Kunth y rangeait, enfin donner de bonnes figures analytiques de ces plantes curieuses.

M. L. R. Tulasne, dont le nom a déjà si souvent figuré dans ce rapport par ses belles recherches sur l'embryogénie et par ses études si variées et si neuves sur les Cryptogames, a en outre très-largement contribué à étendre nos connaissances sur divers groupes de végétaux phanérogames.

Les Podostémées forment une petite famille de végétaux vivant submergés au fond des eaux douces des régions tropicales, très-rares dans les contrées tempérées et dont quelques espèces avaient seules, jusque dans ces derniers temps, attiré l'attention des voyageurs, particulièrement d'Aublet et de Dupetit-Thouars.

Grâce aux recherches des explorateurs modernes, de MM. Gardner, Schomburgh, Weddell, etc. le nombre de ces végétaux, qui simulent souvent des Cryptogames aquatiques, s'est beaucoup accru, et M. Tulasne a pu faire connaître d'une manière très-complète leur structure anomale, qui ne permet pas, jusqu'à présent, de bien fixer leurs affinités; il en a décrit 73 espèces classées dans 20 genres[1].

Les Monimiées, famille déjà établie par A. L. de Jussieu en 1809, mais d'une organisation fort singulière, puisque quelques botanistes ont été portés à considérer leurs fleurs comme des inflorescences ou des agrégations de fleurs, ont aussi fourni à M. Tulasne le sujet d'une excellente monographie[2], dans laquelle il a non-seulement fait connaître beaucoup de plantes nouvelles déposées dans la collection du Muséum de Paris ou dans d'autres grands musées étrangers, mais où il a surtout mieux fait apprécier leur organisation

[1] *Podostemacearum synopsis monographica*, par L. R. Tulasne. (*Annales des sciences nat.* 3e série, t. XI, p. 87; 1848.) — *Podostemacearum monographia*, par le même. (*Arch. du Muséum*, t. VI, 1852.)

[2] *Monographia Monimiacearum primum tentata*, par L. R. Tulasne. (*Archives du Muséum*, t. VIII, p. 273.)

remarquable et permis de discuter sur des bases plus solides leurs rapports avec les autres groupes du règne végétal[1].

Les Antidesmées, considérées tantôt comme une famille voisine des Euphorbiacées, tantôt comme une simple tribu de cette famille, ont été également l'objet d'un travail approfondi de ce savant botaniste, surtout intéressant au point de vue général par la description et la discussion des affinités de plusieurs genres qui se rapprochent, à divers égards, des *Antidesma*[2].

D'autres études moins étendues du même auteur ne peuvent, malgré leur intérêt spécial, être signalées ici.

La botanique doit, dans ces vingt dernières années, d'importants travaux à M. Weddell, auquel ses longs voyages dans l'Amérique méridionale ont permis d'étudier sur place ou de recueillir lui-même tant de végétaux remarquables.

Un des résultats les plus importants de ces explorations a été le grand ouvrage intitulé : *Histoire naturelle des Quinquinas,* publié en 1849[3]. Un rapport d'Adrien de Jussieu à l'Académie des sciences en a fait ressortir toute la valeur, et nous voudrions pouvoir le reproduire ici en entier.

M. Weddell consacra les années 1845, 1846 et 1847 à parcourir les États de Bolivie et du Pérou, avec le but spécial d'y étudier les exploitations de Quinquinas et les espèces de *Cinchona* qui fournissent les diverses sortes d'écorces introduites par le commerce; leur distribution géographique, leur mode d'exploitation, leur détermination scientifique, furent l'objet d'études incessantes, que le savant voyageur reprit au moyen de ses collections, aussitôt son retour en France. A ses propres matériaux s'ajoutèrent ceux qui avaient été reunis par d'autres voyageurs, qui lui furent libé-

[1] M. Decaisne a ajouté, peu d'années après cette publication, un nouveau genre fort singulier à cette famille, l'*Ephippiandra,* et proposé d'y placer le genre *Ægotoxicum.* (*Ann. des sciences nat.* 1858.)

[2] *Antidesmata et Stilaginellæ aliaque genera iis affinia recensita.* (*Annales des sciences naturelles,* 3ᵉ série, t. XV, p. 180.)

[3] *Histoire naturelle des Quinquinas,* par H. A. Weddell, docteur en médecine, 1 vol. in-folio, 108 pages, 34 planches gravées; Paris, 1849.

ralement communiqués, et son ouvrage put ainsi représenter, d'une manière très-complète, l'état de nos connaissances sur ce sujet à cette époque.

L'étude attentive de la structure même des écorces lui montra les rapports qui existent entre cette structure anatomique et les principes qu'elles renferment; ses observations sur le mode déplorable d'exploitation de ces arbres précieux et sur leur destruction prochaine dans les Cordilières de l'Amérique méridionale ont été le signal et le point de départ des essais de culture tentés dans les colonies hollandaises et anglaises de l'Asie, tentatives dont le succès est maintenant assuré. C'est même à notre savant voyageur qu'est due la première introduction des *Cinchona* en Europe, au moyen des graines rapportées par lui au Muséum d'histoire naturelle de Paris. Les jeunes plants provenant de ces graines, distribués en Algérie, en Angleterre, en Hollande, fournirent les premiers pieds cultivés dans les colonies asiatiques. Ce bel ouvrage sur les Quinquinas est donc doublement intéressant, au point de vue scientifique et par les applications dont il a été l'origine.

M. Weddell, pendant son voyage au Brésil, s'est occupé aussi de recherches sur l'Ipécacuanha de ce pays, *Cephælis Ipecacuanha*, et a particulièrement fait connaître son mode de végétation et la manière dont se fait la récolte de ce produit pharmaceutique[1].

La grande famille des Urticées a été de la part du même botaniste le sujet d'un travail monographique très-étendu, pour lequel de nombreux matériaux réunis dans les principaux herbiers de Paris, de l'Angleterre et de l'Allemagne ont été mis à sa disposition.

Ces végétaux, dont les fleurs, petites, sans éclat, unisexuées, furent souvent très-mal étudiées, avaient cependant été déjà l'objet de recherches suivies de la part de Gaudichaud, dont les travaux sur ce sujet n'avaient été publiés qu'incomplétement.

[1] *Note sur le* CEPHÆLIS IPECACUANHA, *son mode de végétation et son exploitation dans la province de Matto-Grosso, au Brésil.* (*Annales des sciences naturelles*, troisième série, par H. A. WEDDELL, t. XI, p. 190.)

M. Weddell a fait une étude approfondie de l'organisation de ces plantes, de leur classification en tribus et en genres; il a donné la description des espèces, au nombre de 471, que cette famille renferme; il a indiqué leur distribution géographique[1] et représenté les caractères des genres par d'excellentes figures.

L'étude du groupe ou de la classe des Urticinées se trouve ainsi presque complétée, car un travail de M. Trécul, déjà publié en 1847[2], sur la famille des Artocarpées en avait fait connaître un des groupes les plus importants; travail difficile, à cause de l'état souvent imparfait des échantillons de ces grands végétaux arborescents, de la séparation fréquente des fleurs mâles et femelles sur des arbres différents, et des modifications singulières de l'inflorescence.

M. Trécul a étudié avec le plus grand soin les matériaux qu'il avait à sa disposition; il a bien fixé les caractères de genres mal connus jusqu'alors et de plusieurs genres nouveaux; il les a classés méthodiquement, et il a décrit les espèces inédites nombreuses renfermées dans les herbiers du Muséum de Paris.

Un mémoire de M. Planchon sur les Ulmacées, publié en 1848[3], vient se joindre à ces monographies pour compléter l'examen des familles de la classe des Urticinées.

Sous le nom d'*Ulmacées*, M. Planchon comprend avec raison les Celtidées, qui en sont séparées par quelques auteurs, sans qu'aucun caractère permette de les distinguer nettement; il montre combien il est nécessaire, dans une méthode réellement naturelle, de maintenir l'union de ces familles voisines en un groupe supérieur commun, ou, comme il l'admet, de ne les considérer que comme des tribus de la grande famille des Urticées.

[1] *Monographie de la famille des Urticées*, par H.-A. Weddell, docteur en médecine, aide de botanique au Muséum d'histoire naturelle de Paris, 1 vol. in-4°, 591 pages et 20 planches; 1856. (*Archives du Muséum*, t. IX.)

[2] *Mémoire sur la famille des Artocarpées*, par M. A. Trécul. (*Annales des sciences naturelles*, 1847.)

[3] *Ann. des sciences naturelles*, 3e série, t. X, p. 244.

L'étude de beaucoup d'espèces nouvelles ou peu connues de ce groupe étend notablement nos connaissances sur la végétation arborescente des diverses régions du globe.

La famille des Morées n'a pas été l'objet de travaux descriptifs et de monographie spécifique comme ceux que nous venons de citer; elle a cependant donné lieu à des recherches intéressantes sur la nature des inflorescences qui constituent ce que l'on considère vulgairement comme leur fruit.

Les études de M. Trécul sur l'inflorescence et l'ordre d'évolution des fleurs dans les *Dorstenia* et les Figuiers[1] ont rectifié une opinion assez généralement admise, qui comparait ces agrégations de fleurs sur un réceptacle plan ou concave aux capitules des Composées[2], tandis que, d'après les recherches que nous rappelons ici, ce sont des inflorescences centrifuges, analogues à des cimes condensées et dont les rameaux seraient réunis.

Des observations analogues ont été faites par M. Baillon sur les inflorescences des Mûriers et du *Broussonetia*[3], sur la nature du péricarpe de ces plantes et sur quelques autres points intéressants de leur organisation.

En 1855, M. Seringe, professeur à la faculté des sciences de Lyon, a publié sur les Mûriers un ouvrage dont le but essentiel est l'examen des espèces et des variétés de Mûriers destinées à la culture et à la nourriture des vers à soie. Les introductions récentes de variétés venant des Indes, de la Chine et du Japon donnaient un intérêt spécial à ses études au point de vue industriel.

L'étude des plantes parasites est une des plus dignes de fixer l'attention des botanistes, non-seulement à cause des phénomènes

[1] *Des inflorescences centrifuges du Figuier, du* Dorstenia, etc. par M. A. Trécul. (*Bulletin de la Société botanique*, t. I, p. 178; 1854.)

[2] M. Payer avait déjà signalé cette inflorescence centrifuge du Figuier, en 1851. (*Comptes rendus de l'Académie des sciences*, 30 juin 1851.)

[3] *Mémoire sur le développement du fruit des Morées*, par M. Baillon. (*Académie des sciences*, 7 janvier 1861. — *Adansonia*, t. I, p. 214.)

eux-mêmes du parasitisme, mais parce que souvent ce mode d'existence semble imprimer aux végétaux une organisation spéciale, qui rend leurs rapports avec les autres familles difficiles à établir.

Ces plantes ont été le sujet d'une partie de l'ouvrage de M. Chatin sur l'anatomie comparée des végétaux, mais le point de vue spécial auquel elles étaient étudiées ne rentre pas dans cette partie de notre revue[1]. Nous devons au contraire y signaler le mémoire spécial de M. Weddell sur le *Cynomorium coccineum*[2], qui est une monographie très-complète de cette plante singulière, qui vit en parasite dans les lieux sablonneux des bords de la Méditerranée, en Italie et surtout en Algérie, sur les racines d'un grand nombre de végétaux différents, arbres, arbustes, plantes vivaces et annuelles.

Cette plante bizarre, comparée d'abord à un Champignon sous le nom de *Fungus typhoides coccineus melitensis*, avait déjà été étudiée en 1822 par L. C. Richard, dans sa monographie des Balanophorées; mais les études anatomiques et les recherches délicates de M. Weddell, faites sur la plante fraîche et sur les lieux mêmes où elle croît, ont beaucoup ajouté à tout ce que les auteurs modernes nous avaient fait connaître sur cette plante bizarre.

M. Weddell en a suivi toutes les phases du développement, depuis la germination du petit embryon acotylédone que la graine renferme.

Cette germination présente ce fait tout à fait exceptionnel, que la radicule se dirige verticalement en haut, en sens inverse par con-

[1] Je rappellerai seulement ici que les familles étudiées à ce point de vue par M. Chatin sont: les Cuscutacées, Cassythacées, Orobanchées, Rhinanthacées, Monotropées, Thésiacées, Loranthacées, Cytinées et Balanophorées; et j'ajouterai que les observations de cette nature fourniront sans doute un jour des matériaux utiles pour mieux fixer les rapports des végétaux entre eux.

[2] *Mémoire sur le* Cynomorium coccineum, *parasite de l'ordre des Balanophorées*, par H. A. Weddell. (*Archives du Muséum*, t. X, 1860.) — M. Weddell avait publié dès 1856 des observations générales sur les organes femelles des Balanophorées et des Rafflésiacées (*Annales des sciences naturelles*, 3e série, t. XIV), dont il n'a pas maintenu les conséquences dans le mémoire qui nous occupe, et qui, par cette raison, ne doivent pas nous occuper ici.

séquent de sa direction habituelle; son application contre les racines des jeunes plantes nourricières n'a pu être observée que rarement, et le développement ultérieur n'a pu malheureusement être suivi au delà de ce premier phénomène.

La famille si nombreuse et si variée des Euphorbiacées a été, à plusieurs reprises, le sujet des études des monographes. Adrien de Jussieu, en 1824, avait débuté dans la science par un examen approfondi des genres de ce groupe difficile. M. Baillon, en 1858, a repris ce travail dont de nombreux matériaux nouveaux augmentaient l'étendue et auquel la direction même donnée aux études botaniques depuis trente ans pouvait donner un caractère différent.

La moitié du volume consacré à cette *Étude générale du groupe des Euphorbiacées* comprend un examen général de l'organographie et de l'organogénie de ces plantes, la recherche des types divers que renferme la famille, sa distribution géographique, l'examen de ses affinités et de sa classification.

L'autre moitié comprend la description des genres, pour laquelle l'auteur a trouvé de nombreux moyens d'étude dans les herbiers et les jardins botaniques de Paris. Dans ce grand nombre de sujets divers, nous devons signaler ici seulement deux points sur lesquels M. Baillon s'éloigne des opinions généralement admises dans ces derniers temps : la nature de la fleur des Euphorbes, qu'il considère comme une vraie fleur hermaphrodite et non comme une inflorescence monoïque renfermée dans un involucre; la séparation des Buxées comme famille distincte et même assez éloignée, suivant lui, des Euphorbiacées.

Sur la première question, la plupart des botanistes ne paraissent pas avoir été convaincus par les arguments de M. Baillon, mais on doit convenir que, dans l'une et dans l'autre manière de voir, la fleur des Euphorbes présente une organisation si anomale qu'elle se prête à des explications très-diverses.

Quant à la distinction des Buxées, déjà indiquée par M. Baillon en 1856, elle paraît assez naturelle, sauf la position assez obscure à donner à cette petite famille, que M. Baillon rapproche des Célastrinées et dont il a publié, en 1859, une monographie spéciale, à laquelle il a joint les Stylocérées, qui en diffèrent à peine.

Depuis ce grand travail général sur les Euphorbiacées, M. Baillon n'a pas cessé de s'occuper de cette famille, et dans une succession d'articles insérés dans le recueil qu'il publie sous le titre d'*Adansonia*, il en a passé en revue les espèces, le plus souvent en les considérant par groupes géographiques et en décrivant successivement les espèces africaines, brésiliennes, de la Nouvelle-Calédonie et de l'Australie, d'autres fois en s'appliquant spécialement à l'examen de certains groupes ou de genres nouveaux.

M. Baillon, dans des articles nombreux et variés insérés dans le même recueil, a étudié des groupes très-divers de végétaux, et il nous serait difficile de le suivre dans ces mémoires ou notices plus ou moins développés, relatifs à des familles qu'il a étudiées, tantôt au point de vue spécial de leur organogénie, dans d'autres cas, sous le rapport de leur classification, de leurs divisions génériques et de leurs affinités.

Nous citerons spécialement ses recherches sur les Loranthacées, comprenant les Loranthacées proprement dites, les Santalacées et les Olacinées, familles dispersées à de grandes distances, il est vrai, par beaucoup d'auteurs, mais déjà rapprochées par d'autres et réunies comme classe des *Santalinées* dans l'énumération des genres du Jardin des Plantes de Paris. M. Baillon en forme une seule famille, divisée en tribus qui correspondent aux anciennes familles; ces rapprochements, bien exposés et appuyés sur des observations nouvelles, sont suivis d'une révision sommaire des genres compris dans cette famille.

A l'occasion du genre *Macarisia*, il a examiné les divers genres qui se rapportent au groupe des Légnotidées, si voisin lui-même des Rhizophorées, dont on le considère souvent comme une tribu.

Dans un article sur les Saxifragées, M. Baillon a discuté les relations de cette famille avec diverses autres familles auxquelles elle est liée par différents points de son organisation.

Enfin les Renonculacées, les Berbéridées, les Magnoliacées, les Dilléniacées, les Caprifoliacées, les Bruniacées, les Mappiées; l'organogénie des Polygalées, des Byttnériacées, des Cordiacées, etc. ont donné lieu à des dissertations intéressantes et qui toutes contribuent à éclairer divers points de la classification naturelle du règne végétal.

M. Planchon, professeur à la faculté des sciences de Montpellier, est un des botanistes qui, par des travaux très-variés sur les groupes les plus différents du règne végétal, ont le plus contribué à étendre nos connaissances sur les familles naturelles; conservateur, pendant quelques années, des herbiers de sir William Hooker, il en a profité pour étudier des plantes rares dans d'autres collections et qui lui ont fourni des matériaux intéressants pour les mémoires ou notices qu'il a publiés en Angleterre, en France et en Allemagne.

Le Journal de botanique publié par M. Hooker renferme en effet, de 1844 à 1847, de nombreuses notices sur des genres de plantes nouveaux ou mal connus, et en outre quelques dissertations sur divers groupes naturels : sur les Cyrillées, les *Sarracenia* et les Éricinées; sur les Simaroubées et les Ochnacées, les Linées, les Cochlospermées, mémoires étendus et importants par les aperçus qu'ils présentent sur les affinités de ces familles, qui, lors même qu'ils paraissent un peu hasardés, méritent toujours de fixer l'attention des botanistes.

La famille des Droséracées a été l'objet d'études spéciales sur la structure de ces plantes singulières et d'une monographie des espèces nombreuses et souvent nouvelles du genre *Drosera*. Les Salvadoracées ont vu quelques genres, dont la position était restée incertaine, s'unir au genre *Salvadora* pour mieux constituer cette petite famille.

Le genre *Ancistrocladus* constitue, pour M. Planchon, le type d'une nouvelle famille.

La famille des Connaracées[1] a été également le sujet d'études intéressantes sur la limite des genres qu'elle renferme et la distinction de leurs espèces, dont beaucoup, observées dans les herbiers d'Angleterre, sont nouvelles pour la science.

Les travaux en commun de M. Planchon et de M. Triana sur la flore de la Nouvelle-Grenade ont conduit ces deux habiles botanistes à faire un examen approfondi des plantes de la famille des Guttifères[2]. Ils ont publié un mémoire important sur sa division en tribus et en genres, sur les espèces mêmes de plusieurs de ces genres, mais surtout sur plusieurs points remarquables, et mal étudiés jusqu'alors, de l'organisation de la fleur et des graines de ces végétaux intéressants.

Plus anciennement, M. Planchon, à l'occasion de l'introduction dans nos jardins de la belle plante aquatique désignée sous le nom de *Victoria*, avait porté son attention sur la structure des Nymphéacées[3], et il publia deux mémoires sur la classification et sur quelques espèces nouvelles de cette famille, mais particulièrement sur les caractères génériques du *Victoria*, ainsi que sur l'organisation anatomique de cette plante.

Cette même famille avait déjà été l'objet de recherches anatomiques et organogéniques de la part de M. Trécul, d'abord en 1845 sur le *Nuphar lutea*[4], si répandu dans nos eaux douces; puis, en 1854, sur le *Victoria regia* et les *Nelumbium*[5]. Mais ces intéressants

[1] *Linnea*, t. XXIII; 1850.

[2] *Mémoire sur la famille des Guttifères*, par MM. Planchon et Triana. (*Annales des sciences naturelles*, 4e série, t. XIII, p. 306; t. XIV, p. 226; t. XV, p. 240; t. XVI; 1860-1861.)

[3] *Le Victoria regia, au point de vue horticole et botanique, avec des observations sur la structure et les affinités des Nymphéacées*, par J. E. Planchon et L. Van Houtte; Gand 1850-1851, avec planches. — *Études sur les Nymphéacées*, par J. E. Planchon. (*Annales des sciences naturelles*, 3e série, t. XIX, p. 17; 1853.)

[4] *Recherches sur la structure et le développement du Nuphar lutea*, par M. A. Trécul. (*Annales des sciences naturelles*, 3e série, t. IV, p. 286.)

[5] *Études anatomiques sur le Victoria, le Nelumbium, le Nuphar*, par M. A. Trécul. (*Annales des sciences naturelles*, 4e série, t. I, p. 145-291.)

travaux se rattachent plutôt à l'anatomie générale qu'à la botanique taxonomique, dont nous nous occupons spécialement ici, et nous nous bornerons à les rappeler comme contribuant à la connaissance plus complète des famille des Nymphéacées et des Nélombonées. Il y a cependant un point que nous devons signaler, c'est l'opinion de M. Trécul sur la position de ces familles dans la classification générale. M. Trécul reconnaît que, par la structure de leur embryon, ces plantes sont de vrais Dicotylédones, mais, suivant lui, l'organisation de leur rhizome offre beaucoup plus de rapports avec celui des Monocotylédones qu'avec celui des Dicotylédones.

La famille des Crucifères n'a été l'objet que de travaux partiels, ayant plutôt pour but l'explication de la symétrie florale et de la constitution du fruit de ces plantes que l'étude de l'ensemble des végétaux qu'elle comprend.

L'origine des six étamines tétradynames de ces plantes a depuis longtemps partagé les botanistes, qui ont cherché, par l'organogénie et par l'examen de certains cas de monstruosité, à déterminer si ces étamines représentent deux verticilles de quatre étamines, dont deux seraient avortées, ou en un seul verticille dont deux étamines seraient dédoublées. Les faits nouveaux cités à l'appui de ces deux opinions ne paraissent pas l'avoir résolue d'une manière évidente, quoique la plupart des observations semblent plus favorables à la seconde de ces manières de voir. Il en est de même de la nature de la cloison et du placenta qui portent les ovules; cependant l'opinion qui admet qu'il entrerait dans la constitution du pistil quatre feuilles carpellaires, dont deux stériles et deux ovulifères, semble appuyée par quelques observations nouvelles et est admise par plusieurs botanistes.

Un travail étendu sur plusieurs points de l'organisation des Crucifères et sur la définition des espèces dans cette famille a été publié en 1865 par M. Eugène Fournier, sous le titre de *Recherches anatomiques et taxonomiques sur la famille des Crucifères et sur le genre*

Sisymbrium *en particulier*. Au point de vue anatomique, la question de la structure et de la nature de la cloison y a été surtout examinée; c'est un point qu'avait déjà étudié M. Trécul en 1843. L'indépendance de la cloison et des placentas, relativement aux valves, résulterait des observations de M. Fournier.

La partie taxonomique a pour objet d'abord la classification générale des Crucifères, puis l'étude spéciale des espèces du genre *Sisymbrium*.

La classification introduite par de Candolle, dans laquelle les modifications de l'embryon fournissent les sous-ordres, et les modifications du fruit, les tribus secondaires, a été l'objet d'objections fondées sur la variabilité de certains caractères de l'embryon. Déjà en effet MM. Barnéoud, Gay, Monnard, Cosson, avaient signalé de nombreuses exceptions aux caractères embryonnaires qu'on croyait propres à certains genres, caractères qui, si on leur avait accordé l'importance que de Candolle leur attribuait, auraient amené des séparations inadmissibles.

Quelques botanistes, M. Chatin en particulier, ont transposé la valeur de ces caractères, basant les premières divisions sur la forme du fruit et les divisions secondaires sur la forme de l'embryon.

M. Fournier, d'accord avec quelques auteurs modernes et particulièrement avec MM. Decaisne et Le Maout, pense qu'on doit faire intervenir la forme de l'embryon comme premier caractère, mais en limitant à trois seulement ses modifications essentielles, au lieu de cinq admises par de Candolle, et en introduisant des caractères tirés de la forme du fruit pour établir les tribus réparties dans ces trois sous-ordres. La distribution qui en résulte des 23 tribus admises dans cette famille si naturelle paraît en effet plus en rapport avec les affinités des genres entre eux.

Le genre *Tropeolum*, la Capucine ordinaire de nos jardins, est une plante dont l'organisation présente plusieurs points très-dignes de l'attention des botanistes; M. Chatin, en en faisant une étude très-approfondie[1], a été conduit à éloigner cette plante de la famille des Géraniacées, dans laquelle on l'avait placée, ou près de laquelle du moins on l'avait rangée, pour la rapprocher des Sapindacées et des Malpighiacées; il s'appuie sur des études organogéniques, anatomiques et tératologiques pour soutenir cette opinion, qui paraît en effet avoir beaucoup de motifs en sa faveur.

Ces recherches l'ont conduit à étudier également deux groupes de plantes rapprochées avec doute des précédentes, les Limnanthées et les Coriariées[2]. Il signale les différences qui existent, au point de vue de la symétrie de la fleur, entre ces plantes et les Géraniacées auprès desquelles on les a placées, et se fonde sur ces caractères communs pour les réunir dans une même famille ou dans une même classe naturelle. Mais lui-même signale des différences qui, pour la plupart des botanistes, motiveront la distinction des deux familles.

Quant au caractère sur lequel il fonde leur rapprochement, la position des carpelles relativement aux sépales, malgré sa valeur incontestable, il faudrait, par l'examen de beaucoup d'autres familles, déterminer son importance comparativement à d'autres caractères, car le nombre des plantes dans lesquelles les carpelles sont opposées aux sépales n'est pas aussi limité qu'on pourrait le croire, et se présente dans des familles très-éloignées les unes des autres par le reste de leur structure.

Au moment même où nous terminons cette revue, M. Léon Marchand vient de présenter à la faculté des sciences de Paris une thèse sur la famille des Burséracées[3]. Déjà l'auteur avait publié des notices sur quelques genres de ce groupe et sur l'anatomie des rameaux du *Balsamodendron myrrha*[4], qui fournit la myrrhe du commerce.

[1] *Mémoire sur la famille des Tropéolées*, par M. Chatin. (*Annales des sciences naturelles*, 4e série, t. V, p. 283.)

[2] *Mémoire sur les Limnanthées et les Coriariées*, par M. Chatin. (*Annales des sciences naturelles*, 4e série, t. VI, p. 247.)

[3] *De l'organisation des Burséracées*, par Léon Marchand; Paris, 1867.

[4] *Recherches pour servir à l'histoire des Burséracées*, par Léon Marchand. (*Adansonia*, t. VII, p. 258.)

La famille des Burséracées, établie par Kunth en 1824, est maintenue dans les mêmes limites par M. Marchand, sauf quelques genres de nouvelle création qui viennent s'y ajouter. Il en sépare de même les Amyridées, que d'autres auteurs confondent avec les Burséracées.

Ces divisions de l'ancien groupe des Térébinthacées, indiquées par R. Brown dès 1818, ont surtout été bien limitées par Kunth, qui a introduit dans la distribution des genres de cette classe une précision dont on s'est depuis souvent écarté à tort.

Le mémoire de M. Marchand fournit une bonne révision de la famille des Burséracées ainsi limitée, et, outre les études organographiques, il réunit des renseignements intéressants sur les espèces qui fournissent les nombreux produits balsamiques propres à ces végétaux et sur la structure des tiges qui les sécrètent.

La famille des Flacourtianées, connue aussi sous le nom de *Bixinées*, a été l'objet d'études étendues de la part de M. Clos, professeur à la faculté des sciences de Toulouse; il en a publié les résultats en 1855 et en 1857[1], dans deux mémoires, dont le premier présente la division de cette famille en plusieurs tribus, l'énumération des genres qu'elles renferment et l'examen de l'organisation générale de ces plantes.

Le second a pour objet une étude plus approfondie et des recherches historiques sur quelques-uns des genres de cette famille, ainsi que la description de plusieurs espèces nouvelles; c'est un travail qui comprend des études bien faites et qui aurait acquis plus d'importance, si l'auteur, éloigné de Paris, ne s'était vu dans l'obligation de le publier sans compléter les recherches qu'il avait entreprises dans les herbiers de la capitale.

Nous ne saurions passer sous silence les travaux d'un botaniste enlevé à la science d'une manière bien prématurée, de Moquin-

[1] *Monographie de la famille des Flacourtianées*, par M. Clos. (*Annales des sciences naturelles*, 4e série, t. IV, p. 362.) — *Révision des genres et des espèces appartenant à la famille des Flacourtianées*, par le même. (*Ibid.* t. VIII, p. 209.)

Tandon, quoique la publication importante qu'on lui doit, dans la période qui nous occupe, fasse partie du grand ouvrage de de Candolle, le *Prodromus regni vegetabilis*, dont nous avons déjà parlé.

Notre regretté confrère s'était, en effet, préparé à la tâche qu'il avait acceptée dans cette publication par de nombreux mémoires spéciaux sur les plantes peu attrayantes qui constituent la famille des Salsolacées (Chénopodées ou Atriplicées), et, dès 1835, il publiait un tableau des genres de cette famille[1]. Dans le Prodrome, il y a joint la révision complète des Amarantacées, des Phytolaccées et des Basellacées, familles qui se rattachent les unes aux autres, par des liens intimes, non-seulement de structure, mais on pourrait dire d'habitudes et de mode d'existence.

Moquin-Tandon les a étudiées avec scrupule sur la nature, dans les riches collections qu'il a eues à sa disposition, et le volume entier[2] que constituent ces véritables monographies lui fait le plus grand honneur.

La classe des Légumineuses, malgré son étendue et son importance, n'a été l'objet, en France, que de travaux partiels, en dehors du moins des flores, dans lesquelles elle occupe souvent une place considérable.

Cependant en 1843 et 1844, M. Tulasne a été conduit, par la détermination des échantillons qui accompagnaient la collection de bois réunis au Brésil par Claussen, à faire une étude des espèces arborescentes de cette famille, que leur récolte plus difficile rend plus rares dans les herbiers, et dont le Muséum de Paris possédait cependant un grand nombre.

Il fit d'abord connaître les genres nouveaux, au nombre de huit, que ces études l'avaient conduit à distinguer[3], et dans un mémoire plus étendu, il a décrit non-seulement les espèces appartenant

[1] *Annales des sciences naturelles*, 2e série, t. IV, p. 209; 1835.

[2] *Prodromus systematis nat. regni veget.* pars XIII, sectio posterior; Paris, 1849.

[3] *Annales des sciences naturelles*, 2e série, t. XX, p. 136; 1843.

à ces genres[1] ainsi qu'à trois autres nouveaux, mais un grand nombre d'autres espèces, se rapportant à des genres déjà établis précédemment. Il a ainsi contribué pour une large part à faire connaître une partie très-importante de la végétation arborescente du Brésil. Il décrit en effet dans ces mémoires près de 80 espèces d'arbres de cette famille, dont plusieurs fournissent des bois employés dans l'industrie.

Un genre particulier de la famille des Mimosées, les *Albizzia*, a fourni à M. E. Fournier le sujet d'un travail monographique intéressant[2]. C'est à ce genre qu'appartient le *Besenna* ou *Mesenna*, un des anthelminthiques les plus employés en Abyssinie contre le ténia, déjà signalé par les voyageurs qui ont étudié la flore de ce pays, et sur les propriétés duquel M. Fournier avait appelé l'attention dans sa thèse pour le doctorat en médecine.

Deux grands familles de végétaux ont été particulièrement étudiées par M. Naudin, dont les importants travaux sur l'hybridité rentrent dans la partie physiologique de cette revue : ce sont celles des Mélastomacées et des Cucurbitacées.

Les Mélastomacées, famille entièrement exotique, et propre aux régions équinoxiales, introduites, depuis peu d'années seulement et en petit nombre, dans nos jardins, ont été l'objet d'études délicates sur les herbiers du Muséum d'histoire naturelle, dont M. Naudin s'était proposé spécialement la révision. Ces études monographiques, ainsi limitées, publiées successivement de 1849 à 1853[3], n'en forment pas moins un fort volume de plus de 700 pages, accompagnées de figures analytiques nombreuses, et comprennent l'étude sur la nature de 1,080 espèces conser-

[1] *Archives du Muséum*, t. IV, p. 65; 1844.

[2] *Notes sur le genre* ALBIZZIA, par M. Eugène FOURNIER. (*Annales des sciences naturelles*, 4e série, t. XIV, p. 368; t. XV, p. 161.)

[3] *Melastomacearum quæ in musæo parisiensi continentur monographicæ descriptionis et secundum affinitates distributionis tentamen*, auctore CON. NAUDIN. (*Annales des sciences naturelles*, 3e série, t. XII-XVIII.)

vées dans les herbiers du Muséum, dont 590 étaient encore inédites.

Cet examen approfondi a naturellement conduit M. Naudin à constituer quelques nouvelles divisions génériques; mais, pour la distribution générale, il s'est le plus souvent conformé à celle qui avait été établie par de Candolle[1].

Les travaux de ce savant botaniste sur les Cucurbitacées ont un autre caractère; c'est principalement sur les plantes vivantes cultivées au Jardin des Plantes de Paris, que M. Naudin a étudié cette famille difficile et dont les herbiers ne renfermaient le plus souvent que des échantillons imparfaits. Des graines de ces plantes venues de tous les points du globe ont été semées dans ce jardin et, grâce à leur facile conservation, la plupart se sont bien développées. Ces plantes ont ainsi pu être étudiées sur des individus nombreux et présentant généralement les deux sexes, qui, dans cette famille, sont souvent séparés sur des plantes distinctes. Beaucoup de plantes nouvelles ont été décrites d'une manière très-complète dans toutes les phases de leur développement, et l'organisation remarquable de cette famille a été ainsi mieux comprise.

Dès 1855, par un mémoire sur la nature des vrilles et sur la structure de la fleur de ces végétaux[2], il se préparait aux longues études qu'il a consacrées à ces plantes.

En 1859, M. Naudin énumérait les espèces alors cultivées au Muséum et décrivait avec soin les espèces nouvelles ou mal connues. Dans des mémoires successifs en 1861, 1862, 1866[3], il faisait connaître les additions considérables que cette partie de nos cultures recevait par les semis et les introductions nouvelles. Des genres

[1] Remarquons cependant que, dès 1846, M. Decaisne, dans une courte notice sur le sous-ordre des Charianthées, avait signalé la distinction des Charianthées et des Astroniées. (*Annales des sciences naturelles*, 3e série, t. V, p. 312.)

[2] *Annales des sciences naturelles*, 4e série, t. IV, p. 5.

[3] *Annales des sciences naturelles*, 4e série, t. XII, p. 79; t. XVI, p. 144; t. XVIII, p. 159.

peu connus, à peine indiqués souvent, étaient étudiés avec soin; des formes nouvelles constituaient de nouveaux genres ou de nouvelles espèces.

Une des parties les plus intéressantes de ces recherches, déjà indiquée dans ses études spéciales sur les *Cucurbita* ou Courges[1] et sur les *Cucumis*[2] (Melons, Concombres), mais poursuivie avec soin dans ces cultures successives, c'est l'examen des formes variées que peuvent prendre ces espèces cultivées depuis longtemps.

Les croisements hybrides ont été aussi l'objet de recherches nouvelles, qui ont constaté la possibilité de ces unions entre des espèces très-distinctes, et la production, même alors, d'hybrides féconds.

Ces travaux de M. Naudin, poursuivis depuis plus de douze ans avec une rare persévérance, et l'on peut dire avec un rare courage, quand on a vu leur auteur lutter contre les souffrances d'une douloureuse maladie, intéressent en même temps la physiologie végétale et la botanique descriptive; et, à ce dernier point de vue, il est à désirer que M. Naudin réunisse bientôt les fragments qu'il a ainsi publiés successivement, pour en former une monographie générale d'une famille intéressante à tant de points de vue différents.

La famille des Aristolochiées a été traitée, dans le *Prodromus* de de Candolle, par M. Duchartre; le genre *Aristolochia* la constitue presque à lui seul; mais ce grand genre exigeait de longues études, car il ne comprend pas moins de 171 espèces.

Le volume du *Prodromus* qui comprend cette famille n'a paru qu'en 1864, mais dès 1854 les bases du travail qui nous occupe avaient été publiées par M. Duchartre[3]. Il exposait dans ce mémoire la distribution, étudiée avec beaucoup de soin, des nombreuses espèces de ce genre en sections et sous-sections résultant de l'étude approfondie de leur structure; travail général auquel

[1] *Annales des sciences naturelles*, 4ᵉ série, t. IV, p. 5.

[2] *Ann. des sc. nat.* 4ᵉ série, t. XI, p. 5.

[3] *Ibid.* 4ᵉ série, t. II, p. 29.

était jointe la description, plus détaillée que le Prodrome ne l'aurait comportée, d'un grand nombre d'espèces nouvelles.

Nous devons aussi ranger parmi les travaux monographiques, dus à des botanistes français, insérés dans le *Prodromus* de de Candolle, le volume consacré aux Solanées[1], résultat des longues études (sur cette famille) de Dunal, professeur à la faculté des sciences de Montpellier, qui avait déjà concouru à ce grand ouvrage par la rédaction de la famille des Vacciniées.

On sait que, dès 1813, Dunal avait publié une histoire des *Solanum*, qui fut considérée comme un des meilleurs travaux monographiques de cette époque. Depuis lors, il n'avait cessé de s'occuper de ce groupe de végétaux, et le volume du Prodrome publié en 1842 a été sur le métier pendant plus de dix ans. Le genre *Solanum* présente des difficultés de classification et de distinction de ses formes diverses, que l'on comprendra quand on saura qu'il renferme dans le Prodrome 900 espèces. 50 genres, dont plusieurs aussi très-nombreux en espèces, constituent cette famille, l'une des plus intéressantes par les usages alimentaires, les propriétés toxiques et médicinales de beaucoup des végétaux qu'elle renferme.

Ce grand travail de Dunal a bien clos une vie consacrée entièrement à la botanique et dans laquelle les travaux d'organographie philosophique ont tenu une grande place, et fourni les bases d'idées généralement acceptées maintenant.

M. Decaisne, dont beaucoup de travaux importants remontent à une époque plus ancienne que celle qui nous occupe, a encore contribué pour sa part aux progrès de la botanique systématique pendant cette période. Nous devons d'abord signaler le grand travail sur les Asclépiadées, faisant partie du Prodrome de de Candolle, véritable monographie d'une des familles les plus difficiles à étudier par la petitesse et la complication de ses fleurs.

[1] *Prodromus systematis naturalis regni vegetabilis*, pars XIII, sectio prior.

Publié en 1844, cet ouvrage avait été précédé, dès 1838, d'études sur divers genres de cette famille[1], qui montrent la durée des recherches de l'auteur sur ce groupe important du règne végétal; aussi depuis lors ce travail est resté la base de nos connaissances sur ces végétaux.

M. Decaisne a plus récemment donné une attention toute spéciale aux plantes de la famille des Gesnériées, dont un grand nombre ont mérité, par la beauté de leurs fleurs, d'être recherchées comme plantes d'ornement. L'examen de ces végétaux l'a conduit à y établir beaucoup de genres nouveaux, généralement adoptés maintenant; mais on doit regretter que ces études intéressantes, publiées dans un recueil horticole[2] et sous une forme très-abrégée, comme prodrome d'un travail plus complet, n'aient pas reçu tous les développements nécessaires.

Nous en dirons autant des recherches de ce savant botaniste et de M. Planchon sur les Araliacées[3], dont un grand nombre d'espèces ont été introduites, depuis quinze à vingt ans, dans nos jardins, surtout à cause de la beauté de leur port et de leur feuillage. L'étude très-attentive de ces végétaux a conduit ces habiles observateurs à y établir des coupes génériques plus nombreuses et souvent fort différentes des coupes admises jusqu'alors; mais les caractères sommaires et la série des espèces indiquées dans le recueil horticole où ils ont déposé le résultat de leurs observations, quoique suffisants pour faire apprécier les bases de leurs divisions génériques, font désirer un travail plus complet sur cette famille remarquable, qui représente pour ainsi dire les Ombellifères de nos climats dans des régions différentes et surtout dans les régions équatoriales.

[1] *Annales des sciences naturelles*, 2e série, t. XI, p. 257, 321.

[2] *Revue horticole*, 3e série, t. II, 1848, p. 461; t. III, 1849, p. 241. — *Monographie du genre* Pantaraphia *et description d'un nouveau genre de Gesnériées.* (*Ann. des sciences nat.* 3e série, t. VI, p. 96.)

[3] *Esquisse d'une monographie des Araliacées.* (*Revue horticole*, 4e série, t. II, p. 104; 1854.)

Dans une revue de la feuille des Pédalinées publiée en 1865[1], M. Decaisne a cherché à mieux circonscrire les genres de ce petit groupe de plantes et à y bien répartir les espèces connues et quelques espèces nouvelles.

En dehors de ces familles, M. Decaisne à contribué à étendre nos connaissances sur des plantes de familles très-différentes, par ses observations sur beaucoup de plantes nouvelles, soit de nos jardins, soit de nos herbiers[2].

Parmi les monographies importantes de familles appartenant à la division des Dicotylédones monopétales, nous devons citer celles de M. Bureau sur les Loganiacées et les Bignoniacées.

Dans la première, publiée en 1856[3], l'auteur a soumis à un examen scrupuleux non-seulement les plantes qui appartiennent à la famille des Loganiacées, mais aussi celles qu'on avait cru pouvoir leur adjoindre. Il divise ce groupe en deux sous-ordres et sept tribus, qui ne renferment chacune qu'un petit nombre de genres; il confirme les rapports déjà signalés de cette famille avec les Apocynées, d'une part, et les Rubiacées, de l'autre; il fixe les limites qu'il pense devoir leur attribuer, et il examine ensuite successivement les genres que certains auteurs leur avaient associés, qu'il croit devoir en retrancher, et dont il indique la place dans d'autres familles de plantes monopétales. Ce travail, limité à l'étude générale de la famille et aux caractères des genres, est suivi d'une partie médicale.

On sait en effet que cette famille est surtout remarquable, au point de vue de ses propriétés, par la noix vomique et les autres *Strychnos* qui en font partie. M. Bureau a constaté les propriétés

[1] *Annales des sciences naturelles*, 5e série, t. III, p. 321.

[2] *Gymnotheca, generis novi Saururearum descriptio.* (*Annales des sciences naturelles*, 3e série, t. III, p. 100.) — *Description du nouveau genre Goudetia, originaire des sommités du mont Tolima.* (*Ibid.* t. IV, p. 83.) — *Description du nouveau genre Lepinia, de la famille des Apocynées.* (*Ibid.* t. XII, p. 193.)

[3] *De la famille des Loganiacées et des plantes qu'elle fournit à la médecine*, par Édouard Bureau, Paris, 1856 (thèse pour le doctorat en médecine).

toxiques que possèdent également les *Spigelia*, appartenant à une autre tribu de cette famille et dont les effets sur l'économie animale, quoique déjà signalés, avaient besoin d'être étudiés avec plus de soin.

La famille des Bignoniacées constitue un groupe beaucoup plus étendu, mais beaucoup plus homogène que celui des Loganiacées, au moins par la structure de ses fleurs; cependant ses limites avaient présenté des doutes; on lui avait rapporté des plantes qui doivent en être séparées et on avait souvent placé dans une famille voisine des genres qui rentrent dans ce groupe : tels sont les *Crescentia* ou Calebassiers.

Dans sa Monographie des Bignoniacées[1], M. Bureau énumère tous les genres que divers auteurs ont cru devoir classer dans cette famille; il examine successivement les types différents auxquels ils se rapportent, reconnaît que trois de ces types seulement forment un même groupe naturel et constituent la famille des Bignoniacées, tandis que les autres se rattachent à d'autres familles de la division des Monopétales. Si des doutes peuvent encore s'élever sur quelques points de cette classification, ils tiennent aux caractères ambigus de certains genres, à la grande affinité de plusieurs des familles de ce groupe de Monopétales et à la valeur diverse qu'on attribue à certains caractères.

L'étude organographique très-étendue de la famille forme une grande partie de cet ouvrage, et la diversité ainsi que la singularité de l'organisation des tiges de ces plantes, et surtout des lianes qu'elles constituent le plus souvent, ont fait l'objet d'observations très-intéressantes. Les autres organes et l'organogénie de la fleur ont aussi une part très-étendue dans cet ouvrage et complètent sa première partie, la seule qui ait paru. Mais nous devons ajouter que l'étude des genres et des espèces, qui doit compléter cette mono-

[1] *Monographie des Bignoniacées ou histoire générale et particulière des plantes qui constituent cet ordre naturel*, par Édouard Bureau, Paris, 1864 (thèse pour le doctorat ès sciences).

graphie, a été l'objet des travaux continuels de M. Bureau, et que, grâce aux nombreux matériaux qu'il a eus à sa disposition, elle formera un des ouvrages les plus importants de la botanique descriptive.

De nombreuses planches représentant les principaux types des genres accompagnent la première partie, à laquelle il ne manque que quelques figures anatomiques pour rendre plus claire la structure des tiges anomales.

Plusieurs communications faites par le même savant à la Société botanique, et publiées dans son *Bulletin* [1], ont fait connaître avec plus de détail les Bignoniacées de la Nouvelle-Calédonie et du Chili.

La famille des Orobanchées n'a pas été l'objet de monographie spéciale dans ces derniers temps, mais de travaux anatomiques, qui ont contribué à la mieux faire connaître; telles sont surtout les observations anatomiques et organogéniques sur la Clandestine d'Europe (*Lathræa clandestina* L.) dues à M. Duchartre et publiées par l'Académie des sciences [2], travail dans lequel la structure et le mode de développement de tous les organes de cette plante parasite singulière sont étudiés d'une manière très-étendue et qui a été complété par des études anatomiques sur les Orobanchées [3].

La famille des Verbénacées a été prise par M. Bocquillon pour le sujet d'une thèse de doctorat à la faculté des sciences de Paris en 1862 [4]. Il y examine les diverses formes sous lesquelles les plantes rapportées à cette famille se présentent, et les distingue en douze séries, dont huit lui paraissent devoir constituer la famille des Verbénacées. L'étude de l'organogénie de quelques-unes des plantes de ce groupe et l'examen général de la structure des divers or-

[1] *Bulletin*, 28 mars 1862; 30 janvier 1863.

[2] Recueil des *Mémoires des savants étrangers*, t. X; 1847.

[3] *Note sur l'anatomie de l'Orobanche Eringii*. (*Annales des sciences naturelles*, 3e série, t. IV, p. 74; 1845.)

[4] *Revue du groupe des Verbénacées*, par H. Bocquillon; Paris, 1862, in-4°, 87 pages et 5 planches.

ganes de ces végétaux complètent ce mémoire. La structure très-variable de l'ovaire et du fruit en est la partie la plus intéressante; mais il ne comprend pas l'étude spéciale des genres, qui lui donnerait le caractère d'une véritable monographie.

Dans une notice distincte publiée la même année, il développe les motifs qui doivent faire ranger dans la famille des Verbénacées les genres *Amethystea* L. et *Oxera* Lab., et donne à l'appui une planche qui présente avec beaucoup de détails l'organogénie florale d'un *Clerodendron*.

La petite famille des Plantaginées, qui ne comprend presque que le seul genre Plantain, a d'abord été l'objet de quelques études assez intéressantes sur l'organisation et le développement des diverses parties de ces plantes par M. Barnéoud, travail qui montrait dans son auteur le désir de poursuivre une voie de recherches organogéniques qui venait seulement de naître, mais auquel l'imperfection des figures qui l'accompagnent a fait beaucoup de tort[1]. M. Barnéoud a publié, en 1845, une monographie de la même famille, comprenant l'énumération des espèces connues à cette époque et de quelques espèces nouvelles, comprenant en tout 114 espèces; mais les diagnoses spécifiques réduites à quelques mots, comme les anciennes phrases linnéennes, paraissent souvent bien insuffisantes pour distinguer des espèces aussi nombreuses.

Cette monographie a été faite de nouveau en 1852 par M. Decaisne dans le *Prodromus* de de Candolle (t. XIII, sectio prior, p. 693). Ici les distinctions sont mieux établies, la synonymie bien complète, et les collections, accrues et mieux étudiées, ont fourni 207 espèces distribuées méthodiquement dans ce grand genre.

La vaste famille des Composées, qui avait été en France, à une époque plus ancienne, l'objet de recherches si étendues et si nouvelles alors de la part de Henri Cassini, n'a donné lieu dans ces dernières années qu'à des travaux très-spéciaux sur quelques genres

[1] *Recherches sur le développement, la structure générale et la classification des Pantaginées et des Plombaginées*, par Marius BARNÉOUD; Paris, 1844.

ou à des publications plus étendues, mais qui rentrent dans le cadre des flores de contrées riches en plantes de cette famille, telle que celles du Chili et de la Cordilière des Andes. Les études de M. Remy sur les Coraposées du Chili; celles de M. Weddell sur les mêmes plantes, dans son *Chloris Andina*, ont en effet beaucoup contribué à étendre nos connaissances sur cette grande famille.

Les recherches de M. Duchartre sur les Pyrèthres, qui fournissent les poudres insecticides; celles de M. Lefranc sur l'*Atractylis gummifera* de l'Algérie et sur les produits médicinaux connus des anciens sous les noms de *chaméléons noir* et *blanc;* les révisions de plusieurs genres mal définis, par M. Spach, méritent aussi d'être citées.

CHAPITRE III.

TRAVAUX RELATIFS À LA BOTANIQUE GÉOGRAPHIQUE.

La botanique, considérée au point de vue géographique, comprend soit les travaux relatifs à la distribution générale des végétaux sur la surface de la terre et aux lois qui paraissent la régir, soit l'étude spéciale des plantes d'une contrée plus ou moins étendue, donnant l'énumération des espèces qui y croissent et constituant ce qu'on est convenu d'appeler la *flore* d'un pays. Ces flores ont des buts très-divers et peuvent offrir un intérêt très-différent.

Tantôt ce sont de simples énumérations qui signalent les plantes croissant dans une contrée déterminée. Si l'on peut avoir confiance dans la détermination des plantes qui y sont signalées, ces listes, par leur comparaison avec la végétation d'autres contrées, peuvent déjà offrir de l'intérêt. Si des indications précises sur les lieux qu'elles habitent, sur la nature du sol qu'elles préfèrent, sont jointes à ces énumérations, elles acquièrent plus d'importance; mais si l'on veut qu'elles servent aux personnes qui cherchent à reconnaître les plantes qu'elles rencontrent dans la campagne, à l'étude locale de la botanique, il faut que ces flores soient accompagnées de descriptions qui leur donnent ce genre d'utilité. Enfin, le botaniste exercé qui rédige un ouvrage de ce genre peut y joindre ses propres observations sur les espèces de plantes qu'il indique, discuter leurs caractères distinctifs, les modifications qu'elles présentent et ajouter ainsi à la somme de nos connaissances sur l'ensemble du règne végétal.

Dans les flores des pays peu explorés jusqu'à ce jour, la nouveauté des plantes qu'on y décrit est une des parties essentielles de l'intérêt qu'elles présentent, et l'ensemble des espèces qu'elles comprennent devient un élément important de la géographie botanique générale, en indiquant les rapports de la végétation du pays qu'elles concernent avec la végétation des autres parties du globe.

Dans les flores des pays déjà mieux explorés, la précision des déterminations spécifiques est un point essentiel, car c'est elle qui permet d'établir les véritables limites géographiques de ces espèces, de tracer la division en régions naturelles d'un pays plus ou moins étendu, et d'apprécier les influences qui déterminent ces limites et fixent les stations propres à chacune de ces espèces. C'est à ce point de vue surtout que nous devons examiner les flores locales des diverses parties de la France et montrer les progrès considérables que la connaissance des plantes de la France a faits depuis une trentaine d'années.

Si la géographie botanique, considérée au point de vue général de la répartition des formes végétales sur la surface du globe, n'a été l'objet d'aucun ouvrage dû aux botanistes français, et si nous sommes obligé de renvoyer à l'important ouvrage de M. Alphonse de Candolle pour ce qu'on pourrait appeler les principes de cette branche de la botanique[1], cependant un ouvrage considérable, quoique plus restreint dans son but, a été publié par M. H. Lecoq, professeur à la faculté des sciences de Clermont, sous le titre d'*Études sur la géographie botanique de l'Europe et en particulier sur la végétation du plateau central de la France*[2], et mérite de fixer notre attention. Quoiqu'il s'applique spécialement à l'étude de la distribution géographique des plantes du centre de la France et de leur extension dans le reste de l'Europe, et même souvent au delà de ses limites, les deux premiers volumes sont consacrés à des questions générales qui se rattachent à l'étude de beaucoup de points de la géographie botanique considérée dans son ensemble.

L'auteur y examine, par exemple, la question des limites à éta-

[1] *Géographie botanique raisonnée*, par Alph. de Candolle, 2 volumes in-8°; 1845.

[2] *Études*, etc. 9 volumes in-8°; Paris, 1854-1858.

blir dans la définition des espèces, question, en effet, fondamentale dans l'étude, à laquelle M. Lecoq se livre, de l'extension géographique des espèces végétales, puisque l'espèce considérée d'une manière large, embrassant des variétés assez nombreuses, pourra souvent se retrouver à de grandes distances, tandis que l'espèce plus limitée, correspondant à ce que d'autres auteurs considéreront seulement comme une variété, pourra n'offrir qu'une surface d'extension beaucoup moindre.

Il examine également l'influence des divers agents physiques sur le développement des végétaux et, par suite, sur leur croissance dans certains lieux et sur l'époque de leur végétation.

Les régions habitées par diverses plantes, la distinction des stations, l'influence du sol, le mode d'association de certaines espèces végétales, sont successivement étudiés, mais plus spécialement au point de vue de la flore du plateau central de la France, dont le savant professeur de Clermont expose la constitution géologique et fait connaître le climat.

Une comparaison intéressante est établie entre la végétation de cette partie de la France et celle de la Laponie, d'une part, et de l'Espagne méridionale, de l'autre, dont les flores ont été assez bien étudiées pour fournir des données exactes pour cette comparaison. Après avoir ainsi considéré la flore du plateau central dans son ensemble, dans sa distribution locale, dans les associations de ses espèces et dans sa comparaison avec les régions plus septentrionales et plus méridionales de l'Europe, M. Lecoq consacre le reste de son grand ouvrage à l'examen de la distribution géographique spéciale des 1,800 espèces de plantes phanérogames qui composent cette flore.

Ces espèces s'étendent plus ou moins loin de cette région centrale de la France, dont M. Lecoq étudie spécialement la végétation; elles se présentent sur une étendue plus ou moins grande en latitude et en longitude, et c'est sur cette extension que M. Lecoq se base pour établir l'aire d'habitation de chaque espèce, aire extrêmement variable suivant les espèces, mais dont le calcul pourrait donner lieu à bien des observations.

En général, lorsque, dans ces études, l'auteur sort des contrées qu'il a pu explorer lui-même et qu'il peint avec un talent remarquable, les résultats auxquels il arrive perdent beaucoup de leur certitude, par suite même de l'imperfection des données sur lesquelles il est obligé d'établir ses calculs.

A la suite de ce long travail relatif à chacune des espèces de la flore du plateau central de la France, M. Lecoq consacre la fin du neuvième volume à des conclusions dans lesquelles il examine beaucoup de questions qui se rattachent à la géographie botanique générale et à l'origine des espèces qui occupent cette région de la France, dont il établit les rapports avec les plantes du nord de l'Europe, de la région méditerranéenne et des grandes chaînes des Pyrénées et des Alpes, qui peuvent lui avoir fourni une partie de ces espèces.

EUROPE.

France. — Les travaux relatifs à la flore française vont nous occuper d'abord; ils sont nombreux et d'une importance diverse, mais tous concourent à nous faire mieux connaître les productions végétales de notre sol, leur distribution géographique et les conditions de leur existence.

Un centre, qui manquait aux travaux de cette nature, a été créé par la fondation, en 1854, de la *Société botanique de France.* Cette réunion des personnes qui, à un point de vue quelconque, prennent intérêt aux progrès de la botanique embrasse toutes les questions qui ont pour objet la structure ou la classification des végétaux, et souvent des questions importantes de physiologie ou d'organographie, des études sur des végétaux exotiques nouveaux, ont occupé ses séances; mais les observations plus restreintes sur nos plantes indigènes, sur leur distinction spécifique, leur habitat, ont trouvé dans ses séances un auditoire intéressé à ce genre de recherches et ont pu successivement former dans son *Bulletin* un faisceau qui éclairera bien des points obscurs de la connaissance des végétaux de notre flore. Treize volumes déjà publiés renferment ainsi une foule de documents précieux pour la flore française, qu'il nous sera impossible de citer tous ici, malgré le désir que nous aurions de montrer le zèle avec lequel, sur tous les points de la France, on a cherché à approfondir l'étude de nos végétaux indigènes.

Sur l'ensemble de la flore française, l'ouvrage le plus important publié depuis vingt ans est certainement la Flore de France de MM. Grenier et Godron[1]. Cet ouvrage, résultat d'études longues et approfondies, est le tableau le plus complet et le plus exact que nous possédions de l'ensemble de la végétation de la France; il remplace, entre les mains de tous ceux qui veulent étudier les plantes de notre pays, les flores plus anciennes de de Candolle, de Duby, de Loiseleur de Longchamps, que de nouvelles découvertes et les progrès de la botanique rendaient trop incomplètes; mais cette flore ne comprend que les plantes phanérogames et les Filicinées parmi les Cryptogames, et il manque encore à la France une flore cryptogamique générale, dont l'absence est un grand obstacle à l'étude de ces végétaux pour ceux qui n'ont pas la ressource des nombreux ouvrages spéciaux qui en traitent.

En dehors de cet ouvrage général, nous devons citer les études de M. Jordan sur les plantes de France considérées par lui comme constituant des espèces nouvelles[2]; car, même pour les botanistes

[1] *Flore de France, ou description des plantes qui croissent naturellement en France et en Corse*, par M. Grenier, professeur à la faculté des sciences de Besançon, et M. Godron, professeur à l'école de médecine de Nancy; Paris, 1848; 3 volumes in-8°.

[2] *Observations sur plusieurs plantes nouvelles, rares ou critiques de la France*, par A. Jordan; fragments 1-9; 1846-1849. — *Pugillus plantarum novarum præsertim gallicarum*, 1852. — *Diagnoses d'espèces nouvelles ou méconnues, pour servir de matériaux à une flore réformée de la France et des contrées voisines*, t. I, 1re partie, 1864. — *Breviarium plantarum novarum*

qui rejettent les différences légères sur lesquelles la plupart de ces espèces sont fondées, il y a une étude de la nature qui appelle notre attention sur le polymorphisme de beaucoup d'espèces et sur les variétés ou les races qui en résultent; il y a là une question sur la limite des espèces de la flore française qui a déjà été examinée ailleurs au point de vue général de la définition des espèces.

Beaucoup d'observations intéressantes sur les espèces de la flore française se trouvent dans les *Annotations sur la flore de France et d'Allemagne*, publiées par M. Billot[1], et dans les *Archives de la flore de France et d'Allemagne*, par F. Schultz, qui les avaient précédées, ouvrages dans lesquels beaucoup de botanistes français ont déposé leurs observations critiques sur diverses plantes de notre flore.

Sous le titre de *Notes sur quelques plantes critiques, rares ou nouvelles*, M. E. Cosson a publié en 1848 et 1849 des observations sur des plantes intéressantes de diverses parties de la France et de la Corse.

Le *Bulletin de la Société botanique de France* comprend aussi les observations sur des plantes très-variées du colonel Serres, de M. Gay, de M. Puel, et en particulier les remarques de ce dernier sur la division géographique de la flore française.

Les collections desséchées de plantes bien déterminées publiées par M. Billot et par MM. Puel et Maille ont également contribué à rectifier la nomenclature de beaucoup de nos plantes françaises et à introduire plus d'exactitude dans les flores locales.

Nous devons aussi signaler ici un ouvrage qui, sans avoir pour but l'indication des plantes qui constituent la flore française, peut

sive specierum in horto plerumque cultura recognitarum descriptio contracta ulterius amplianda, auctoribus Alexis JORDAN et Jules FOURREAU, fasc. 1; 1866. — Enfin les mêmes auteurs publient en ce moment, sous le titre de : *Icones ad floram Europæ novo fundamento instaurandam spectantes,* une succession de fascicules représentant dans des planches exécutées avec soin les espèces nouvelles qu'ils ont cru devoir distinguer.

[1] Haguenau, 1855-1862.

faciliter la connaissance des familles végétales propres à notre pays : c'est l'illustration des types des familles de plantes de la France par M. F. Plée[1].

D'élégantes figures d'une et quelquefois de plusieurs espèces de chaque famille, des détails analytiques pris sur la nature, la représentant presque toujours avec exactitude, dessinés avec talent par l'auteur, faciliteront la connaissance des caractères des familles naturelles des plantes françaises.

Il est enfin un point digne d'attention en ce qui touche la flore de nos provinces méridionales : c'est l'introduction fréquente de plantes dont les graines sont apportées avec divers produits commerciaux, mais particulièrement avec les laines dont le lavage se pratique en plein air. Ce fait, déjà signalé il y a longtemps au port Juvenal, près Montpellier, a été l'objet d'une étude très-complète de la part de M. Godron, lorsqu'il habitait Montpellier; son *Flora Juvenalis*[2] indique les diverses plantes introduites ainsi et dont quelques-unes se sont perpétuées dans cette localité pendant quelque temps, mais dont bien peu se sont réellement naturalisées dans la contrée.

M. Touchy a étendu ces renseignements par une communication faite en 1857 à la Société botanique[3], et M. Cosson, dans un travail très-étendu, a complété cette longue liste, qui se trouve portée à 458 espèces, recueillies à diverses époques dans cette localité et dont il indique la patrie primitive[4].

M. Grenier a fait une étude semblable des plantes introduites aux environs de Marseille, et dont le nombre, selon lui, serait très-considérable, mais dont les causes d'importation ne

[1] *Types de chaque famille et des principaux genres des plantes croissant spontanément en France*, par F. Plée; Paris, 1844-1864; 160 planches coloriées.

[2] *Flora Juvenalis, ou énumération des plantes étrangères qui croissent naturellement au port Juvenal, près de Montpellier*, par M. Godron, 1re édit. 1853, in-4; — 2e édit. 1854, in-8°.

[3] *Bulletin de la Société botanique*, t. IV, p. 593.

[4] *Ibid.* t. VI, p. 605.

seraient pas aussi évidentes que pour celles des environs de Montpellier[1].

Le même fait d'introduction de plantes exotiques s'est présenté aux environs d'Agde, à la suite de lavages de laines étrangères, mais il ne s'est montré que pendant quelques années, cette opération industrielle ayant cessé en 1859. MM. Ch. Lespinasse et A. Théveneau ont fait connaître le résultat de leurs recherches[2], portant le nombre de ces espèces accidentellement importées sur notre sol dans cette localité à 91, dont 59 avaient déjà été observées par MM. Godron et Grenier, aux environs de Montpellier ou de Marseille, et dont 32 n'avaient pas encore été recueillies dans ces circonstances; ils en ont donné une énumération intéressante par l'indication des pays dont ces espèces sont originaires.

L'étude des flores locales de la France a pris un grand développement, et si tous les ouvrages qui y sont consacrés n'atteignent pas le même niveau et la même importance, tous renferment des documents utiles pour la géographie botanique de la France et pour le perfectionnement de sa flore générale.

Encore ici la Société botanique de France a eu une influence marquée sur la propagation du goût de cette branche de l'histoire naturelle; ses sessions extraordinaires, tenues dans diverses villes et dans toutes les régions de la France, ont mis en rapport les botanistes des points les plus éloignés et amené la comparaison des productions de ces diverses contrées. C'est ainsi qu'elle s'est réunie successivement à Clermont, à Montpellier, à Strasbourg, à Bordeaux, à Grenoble, à Nantes, à Béziers et à Narbonne, à Chambéry, à Toulouse, à Nice, à Annecy, et enfin à Paris pendant l'exposition universelle de 1867. Des herborisations bien dirigées

[1] Grenier, Florule exotique des environs de Marseille : *Florula Massiliensis advena.* (*Mémoires de la Société d'émulation du Doubs,* 1857, 1860.)

[2] *Énumération des plantes étrangères observées aux environs d'Agde, et principalement au lavoir à laine de Bessan.* (*Bul. de la Société botanique,* t. VI, p. 648.)

autour de ces divers centres lui ont fait apprécier les richesses végétales des divers points de la France.

La flore du bassin de Paris, l'une des plus anciennement étudiées, puisque Tournefort et Vaillant en ont déjà fait connaître les richesses, a été dans ces dernières années l'objet d'un examen plus approfondi et en rapport avec l'état actuel de la science. Aux flores de Thuillier, de Mérat, de Chevalier, a succédé la flore de MM. Cosson et Germain.

Dès 1840, ces jeunes botanistes publiaient des observations sur quelques plantes critiques des environs de Paris, et, en abordant notre flore par quelques-uns de ses points difficiles, ils prouvaient qu'ils étaient capables de nous en tracer un tableau plus complet et plus exact que ceux que nous possédions. Encouragés particulièrement par Adrien de Jussieu, qui avait pu les apprécier lorsqu'ils l'accompagnaient dans ses herborisations, ils publièrent successivement un Catalogue raisonné des plantes vasculaires des environs de Paris (1842), puis un Supplément à ce catalogue (1843), puis enfin une Flore des environs de Paris (1845) avec un atlas représentant sur quarante et une planches les figures et les détails analytiques des plantes dont l'étude présente le plus de difficulté.

Une seconde édition publiée en 1861[1] est venue confirmer le succès de cet ouvrage, et a permis aux auteurs de le rendre encore plus complet; il n'y manque, comme à la plupart de nos flores, que la Cryptogamie, dont les Fougères et les familles voisines figurent seules dans la flore. Nous pouvons espérer que, grâce aux encouragements de la Société botanique, cette lacune sera bientôt remplie.

Nous pouvons rattacher à la Flore des environs de Paris les pu-

[1] *Flore des environs de Paris, ou description des plantes qui croissent spontanément dans cette région*, accompagnée de tableaux synoptiques conduisant à la détermination des familles, des genres et des espèces, avec une carte des environs de Paris, par MM. E. Cosson et Germain de Saint-Pierre; Paris, 1861.

blications de M. Graves[1] et de M. Rodin sur la flore du département de l'Oise, la Note de M. l'abbé Guestier sur les plantes du canton de Retz et de Crépy, le Catalogue raisonné des plantes vasculaires du département de la Marne par M. le comte Léonce de Lambertye[2], le Catalogue des plantes vasculaires du département de l'Aube par M. Bourguignat[3], la Note de M. Manceau sur les plantes phanérogames du Maine, l'aperçu sur la flore de l'arrondissement de Chartres par M. Ed. Lefèvre.

Parmi les flores récentes du nord de la France, nous n'avons à signaler que le Catalogue raisonné des plantes vasculaires du département de la Somme par MM. Éloy de Vicq et Blondin de Brutelette[4], ouvrage résultant de recherches longtemps poursuivies[5], plus complet pour l'énumération des espèces et des localités que ceux qui l'ont précédé, et dont les auteurs, avec raison, se sont bornés à décrire les espèces qui ne figurent pas dans la Flore des environs de Paris ou qui leur ont offert quelque particularité intéressante.

Nous pouvons aussi indiquer quelques renseignements sur la flore peu étudiée des Ardennes par M. Jules Remy[6].

La partie orientale de la France possède plusieurs flores locales qui méritent d'être citées.

Dès 1829, M. Holandre publiait une Flore de la Moselle qui a eu une seconde édition en 1842[7]. Mais la Lorraine a été étudiée

[1] *Catalogue des plantes observées dans l'étendue du département de l'Oise;* Beauvais, 1857. Il comprend la Cryptogamie et contient 3,527 espèces.

[2] Paris, 1846, 1 vol. in-8°, avec une carte botanique et géologique.

[3] Tome I, comprenant une partie des Polypétales, 180 pages in-8°; Paris, 1856.

[4] *Mémoires de la Société impériale d'émulation d'Abbeville,* 1865.

[5] *Notes sur quelques plantes du littoral des départements de la Somme et du Pas-de-Calais,* par M. Éloy de Vicq.

[6] *Excursion botanique à travers les Ardennes françaises,* par M. Jules Remy. (*Annales des sciences naturelles,* 3e série, t. XII.)

[7] *Nouvelle flore de la Moselle, ou manuel d'herborisations dans les environs de Metz principalement,* par S. Holandre; Metz, 1842.

dans son ensemble d'une manière très-complète par M. Godron. Sa Flore de Lorraine, publiée d'abord en 1843, et dont une seconde édition a paru en 1857[1], jointe à son Essai sur la géographie botanique de la Lorraine, de 1862[2], forme un ensemble très-remarquable sur la végétation des quatre départements que comprend l'ancienne province de Lorraine. La flore, au point de vue descriptif, est faite sur le plan de la Flore de France, dont M. Godron est un des auteurs; mais ce qui donne surtout du prix à cet ouvrage, c'est l'étude de la distribution géographique et géologique des plantes qui entrent dans cette flore et l'examen de l'influence de la nature du sol sur la répartition des plantes[3]. La partie relative à la Cryptogamie manque à cette flore comme à la plupart des flores publiées récemment; mais les *Considérations générales sur la végétation spontanée du département des Vosges*, par M. le docteur Mougeot, qui font partie de la statistique de ce département publiée en 1846, comblent en grande partie cette lacune. Cet ouvrage[4], après avoir donné un tableau plein d'intérêt de l'aspect de la végétation si variée et si pittoresque de ces montagnes[5] et avoir montré le rôle que les végétaux les plus inférieurs jouent dans cet aspect de la nature végétale, donne en effet une énumération très-complète des végétaux phanérogames et cryptogames qui constituent la flore de ce département.

La partie cryptogamique, traitée par un botaniste aussi expérimenté dans cette branche de la botanique que le docteur Mougeot,

[1] *Flore de Lorraine*, par D. A. Godron, 2e édition, 2 vol. in-12; Nancy et Paris, 1857.

[2] *Essai sur la géographie botanique de la Lorraine*, par D. A. Godron, 1 volume in-12; Nancy, 1862.

[3] M. Godron s'est encore occupé de cette question dans deux notices intitulées : *De la végétation du Kaiserstuhl dans ses rapports avec celle des coteaux jurassiques de la Lorraine*; 1864; — *Une promenade botanique aux environs de Benfeld* (Bas-Rhin); 1864.

[4] 1 volume in-8° de 356 pages; Épinal, 1846.

[5] On peut aussi consulter sur la végétation de ces montagnes la notice de M. Weddell intitulée : *Coup d'œil sur la flore de Plombières*. (*Bulletin de la Société botanique*, t. II, p. 29.)

acquiert une grande importance et constitue l'énumération des plantes cryptogames la plus complète qu'on possède pour une région étendue de la France. Elle est surtout remarquable en ce qui concerne les grands Champignons charnus, d'une détermination si difficile, par suite de l'impossibilité de les conserver dans les collections. M. Mougeot leur a donné une attention toute spéciale, et leur énumération est sans doute la plus étendue qu'on en ait donnée pour la France.

L'extrémité méridionale de la chaîne des Vosges, aux environs de Belfort, a été le sujet d'une notice spéciale de M. Parisot[1], qui a profité de l'étude particulière qu'il a faite de la végétation de la vallée qui s'étend du ballon de Giromagny jusqu'à Belfort, pour montrer l'influence de la nature du sol sur la distribution des végétaux, étude à laquelle cette localité se prête très-bien, à cause de la variété des formations géologiques, de la diversité de leur nature minéralogique et chimique, et des divers degrés de désagrégation des roches qui les constituent.

La Flore d'Alsace[2], rédigée par M. Kirschleger, professeur à l'école supérieure de pharmacie de Strasbourg, mérite une attention spéciale par le plan nouveau et les détails particuliers introduits par l'auteur, qui en font un ouvrage tout à fait original.

La méthode suivie par M. Kirschleger, quoique se rapprochant dans sa marche générale de celle de de Candolle, en diffère à plusieurs égards : il a tenté de classer les familles d'après des caractères plus absolus, qui, dans plusieurs cas, rompent leurs rapports naturels; il admet comme familles distinctes bien des subdivisions qui ne sont le plus habituellement considérées que comme des tribus ou des sections de familles; mais, en dehors de ces questions de classification générale, de peu d'importance, on ne saurait trop

[1] *Notice sur la flore des environs de Belfort*, par M. L. Parisot, pharmacien à Belfort. (*Mémoires de la Société d'émulation du Doubs*, 1858.)

[2] *Flore d'Alsace*, par Fréd. Kirschleger, professeur de botanique à l'école supérieure de pharmacie de Strasbourg; 3 vol. in-18; 1850-1862.

louer la manière dont les plantes qui entrent dans cette flore ont été étudiées au point de vue de la distinction des espèces et de leur répartition géographique. Les points douteux sont signalés avec soin, et l'instruction des élèves auxquels elle est destinée n'est pas oubliée, le professeur appelant leur attention sur les faits intéressants d'organisation que certaines plantes présentent. En un mot, ce n'est pas une simple énumération des plantes de l'Alsace, mais des études sur les plantes de cette contrée. Le troisième volume est consacré à la géographie botanique des régions rhénano-vosgiennes et à des recherches particulières sur diverses localités.

La flore du Jura, qui géographiquement se lie si intimement à celle des Vosges, en diffère cependant à bien des égards par la nature calcaire du sol de cette région, par l'élévation supérieure de quelques-uns de ses sommets et par sa proximité de la grande chaîne des Alpes; aussi l'étude de la végétation de ces montagnes offre-t-elle un véritable intérêt au point de vue de la géographie botanique, et néanmoins pendant assez longtemps elle a peu fixé l'attention.

En 1846, M. Babey, de Salins, publiait une première flore de ces contrées, qui, malgré l'étendue du livre[1], était loin de comprendre toutes les parties de cette longue chaîne.

M. Ch. Contejean, dans un travail spécial sur les plantes des environs de Montbéliard, publié en 1854 dans les Mémoires de la Société d'émulation du Doubs, présentait la flore de la partie du Jura qui environne cette ville sous une forme qui mérite une attention particulière. Toute la première partie de ce travail est une étude géologique et météorologique de la contrée dont il se propose de faire connaître la végétation, et comprend ensuite des recherches très-étendues sur la distribution des espèces suivant les conditions déterminées par la nature physique ou minéralogique du sol et la hauteur des stations.

[1] Babey, *Flore jurassienne*, 4 vol. in-8°; Paris, 1846.

M. Contejean, adoptant les idées émises par M. Thurmann dans ses études phytostatiques sur le Jura suisse, en fait l'application à la flore de cette partie du Jura; il conclut d'observations nombreuses que, sans contester absolument l'influence de la nature chimique du sol sur la distribution des végétaux, sa constitution physique résultant du degré de désagrégation et de division des matériaux qui le constituent, ainsi que de sa perméabilité et de son hygroscopicité, a une action bien plus prononcée sur ce mode de répartition.

Cette partie, qui forme la moitié de l'ouvrage de M. Contejean, en est certainement la partie la plus importante, ces questions n'ayant été traitées dans aucune de nos flores avec autant de développement. L'énumération qui suit est une simple liste avec citation de localités nombreuses qui fournissent les éléments de ces considérations générales.

Dans ces dernières années, deux autres ouvrages étendus, mais fort différents par le mode de rédaction, ont paru sur la flore de cette même région. L'un, dû aux recherches de M. E. Michalet, complète l'ouvrage général sur l'histoire naturelle du Jura publié par le frère Ogérien[1]. La distribution géographique des plantes de cette flore, leur association, l'influence des diverses causes physiques sur cette distribution, y sont d'abord exposées avec beaucoup de développement. L'énumération des espèces comprend l'indication des localités sans description des plantes elles-mêmes; au point de vue géographique, c'est un travail très-utile; seulement cette énumération ne comprend que le département du Jura, c'est-à-dire la partie centrale de la chaîne du Jura.

M. Grenier, professeur à la faculté des sciences de Besançon et l'un des auteurs de la Flore de France, a entrepris un ouvrage plus étendu et dont la première partie a seule paru en 1865[2]. C'est une

[1] *Histoire naturelle du Jura : Botanique*, par M. E. MICHALET, revue et achevée par M. GRENIER, 1 vol. in-8°; 1864.

[2] *Flore de la chaîne jurassique.* (Extrait des *Mémoires de la Société d'émulation du Doubs,* 3e série, t. X, 1 vol. in-8°, 346 p.)

Flore de la chaîne jurassique présentant non-seulement l'énumération, mais les caractères des plantes qui y sont comprises, et souvent des descriptions ou des annotations à l'occasion des plantes litigieuses. La position de M. Grenier au centre du pays dont il étudie la flore lui a permis une révision sur le vivant des caractères des espèces, qui est presque impossible dans une flore plus étendue.

La Société d'émulation du Doubs a contribué très-efficacement à cette étude de la flore du Jura, non-seulement par la publication dont nous venons de parler, mais par celle de beaucoup de notices intéressantes sur les plantes de cette région, dues aux recherches de M. Vital Bavoux.

M. Carion, dont les recherches sur la flore du département de Saône-et-Loire, et surtout des environs d'Autun, remontent déjà à bien des années, a publié un catalogue des plantes de ce département[1] avec des observations intéressantes sur diverses espèces et sur les limites qu'on doit leur attribuer, limites que M. Carion est disposé à laisser assez larges, considérant comme de simples variétés beaucoup des espèces admises récemment comme distinctes.

Le département de l'Yonne a été l'objet d'un travail analogue de la part de M. Ravin, qui a publié un catalogue des plantes qui y croissent[2], dans lequel on trouve des indications intéressantes sur les plantes propres aux différentes formations géologiques que ce département comprend, granitique, jurassique, crétacée et argilo-arénacée. Il y rappelle les travaux qui ont précédé sa flore depuis

[1] *Catalogue raisonné des plantes du département de Saône-et-Loire croissant naturellement ou soumises à la grande culture*, Autun, 1859. (*Mémoires de la Société éduenne.*)

[2] *Catalogue méthodique et raisonné des plantes qui croissent dans le département de l'Yonne,* par M. Eug. Ravin, 1 vol. in-8°, 300 p. (*Bulletin de la Société des sciences historiques et naturelles de l'Yonne*, t. XIV, 1861.) — Des notices sur des herborisations faites dans ce département par MM. Mabile, Lasnier et Ravin, ont été publiées dans les volumes suivants du *Bulletin de la Société des sciences historiques et naturelles de l'Yonne.*

1847, dus essentiellement à MM. Dey et Constant[1]. Le catalogue lui-même est une simple énumération des espèces avec indication des localités, mais avec des tableaux analytiques qui permettent de s'en servir pour la détermination des espèces.

Les plantes des parties basses de la France centrale avaient été réunies dans l'ouvrage important que M. Boreau a publié en 1840 sous le titre de *Flore du centre de la France*[2]. Trois éditions de cet ouvrage, dont la dernière a été publiée en 1857, prouvent l'utilité dont il a été pour les botanistes qui habitent cette partie de la France et l'intérêt qu'il a offert même à ceux qui en sont plus ou moins éloignés. Des considérations géologiques et géographiques précèdent la partie descriptive; l'étendue de la circonscription de cette flore et la variété des sols qu'elle comprend donnent à ces considérations un intérêt particulier; mais cette variété même d'une surface qui comprend depuis les hauts sommets de l'Auvergne jusqu'aux régions maritimes de l'embouchure de la Loire ôte à cette flore le caractère de région naturelle qui, en limitant sa richesse, lui aurait donné plus d'unité et d'intérêt comme géographie botanique. Quant à la partie descriptive proprement dite, M. Boreau, dans cette dernière édition, a adopté en partie les nombreuses subdivisions spécifiques introduites récemment par quelques botanistes, et particulièrement par M. Jordan. Cette introduction dans une flore importante de ces nouvelles idées sur les limites de l'espèce aura du moins l'intérêt de les soumettre au contrôle des naturalistes qui chercheront à se servir de la Flore du centre de la France pour la détermination des plantes qu'ils observeront; il en sortira un jour une expérience pratique sur la valeur de quelques-unes de ces distinctions.

Le nombre des espèces phanérogames de cette flore se trouve

[1] *Bulletin de la Société de l'Yonne*, t. I à XII.

[2] *Flore du centre de la France et du bassin de la Loire, ou description des plantes qui croissent spontanément ou qui sont cultivées en grand dans les départements arrosés par la Loire et ses affluents*, avec l'analyse des genres et des espèces, 3e édition très-augmentée, par A. Boreau, 2 vol. in-8°; Paris, 1857.

ainsi porté à 2,813; il n'était que de 1,584 dans la première édition. Cet accroissement, dû en grande partie à cette subdivision des espèces, tient aussi à l'extension donnée aux limites de la flore et à la découverte d'espèces nouvelles pour cette région.

Un des mérites de cette flore, qui a, sans aucun doute, contribué à en répandre l'usage, ce sont les tableaux analytiques dressés avec beaucoup de soin, appliqués non-seulement à la détermination des genres, mais, pour chaque genre, à celle des espèces. Ces tableaux, qui facilitent beaucoup l'étude des genres nombreux, seront très-utiles aux botanistes qui voudront se rendre compte des caractères qui permettent de distinguer les nouvelles espèces introduites dans cette flore.

Les régions occidentales de la France ont aussi été l'objet d'études botaniques étendues.

La Normandie possède depuis longtemps une flore générale, due aux longs travaux de M. de Brebisson. Une troisième édition en a été publiée en 1859; elle montre que cet ouvrage répond bien aux besoins de ceux qui veulent étudier la végétation qui les environne, dont elle présente un tableau exact et complet. Mais, à côté de cette flore de toute la Normandie, se groupent des ouvrages plus spéciaux qui peuvent nous faire connaître la diversité de la végétation de cette province.

Un catalogue des plantes du département de l'Eure, publié en 1846 par la Société libre d'agriculture, sciences, arts et belles-lettres de ce département, nous donne une liste, avec des indications de localités, des plantes phanérogames et cryptogames qui y ont été observées, au nombre de 1,800, et nous montre la végétation non maritime de cette province.

Le catalogue des plantes de la Seine-Inférieure, par MM. Blanche et Malbranche[1], et les observations particulières de M. Malbranche[2]

[1] *Extrait du précis des travaux de l'Académie des sciences, belles-lettres et arts de Rouen*, 167 pages in-8°; 1864.

[2] *Extrait du précis des travaux de l'Académie des sciences, belles-lettres et arts de Rouen*, 167 pages in-8°; 1861-1862.

sur des plantes critiques ou nouvelles de ce département nous font connaître une flore un peu différente par l'influence maritime.

On doit à MM. Hardouin, Renou et Leclerc un catalogue spécial des plantes spontanées du département du Calvados[1].

Enfin le département de la Manche et particulièrement les environs de Cherbourg ont été explorés avec soin par plusieurs botanistes.

M. Aug. Le Jolis a publié, en 1859, un catalogue des plantes de l'arrondissement de Cherbourg, résultat de vingt ans de recherches dans cette localité, et l'a fait précéder de considérations intéressantes sur le climat de cette extrémité du Cotentin et sur les autres conditions qui influent sur sa végétation.

Sa position avancée dans l'Océan donne à cette région un climat maritime et par conséquent très-tempéré, qui a permis à beaucoup de plantes méridionales de s'étendre jusque sous cette latitude. M. Le Jolis en cite de nombreux exemples. La nature des roches toutes privées de calcaire permet aussi de bien apprécier l'influence de la nature du sol sur la présence ou l'absence de certaines plantes.

Un nouveau catalogue de cette même contrée, publié en 1862 par MM. Besnon et Bertrand Lachenée, a ajouté quelques espèces au précédent.

La flore la plus étendue que nous possédions d'une partie de la région occidentale de la France est celle de M. Lloyd[2], dans laquelle il a réuni toutes les plantes observées dans les huit départements compris entre celui des Côtes-du-Nord et celui de la Charente-Inférieure. Une flore spéciale du département de la Loire-Inférieure, publiée en 1844, avait déjà préparé l'auteur à ce grand travail, dans lequel on reconnaît le savant qui a voulu tout voir et étudier

[1] Caen, 1848.

[2] *Flore de l'ouest de la France*, ou description des plantes qui croissent spontanément dans les départements de Charente-Inférieure, Deux-Sèvres, Vendée, Loire-Inférieure, Morbihan, Finistère, Côtes-du-Nord, Ille-et-Vilaine, par M. James Lloyd; Nantes, 1854; 1 vol. in-18.

par lui-même. Indépendamment de la flore proprement dite, qui présente les caractères distinctifs de toutes les espèces avec l'indication des localités qu'elles habitent, et par conséquent de leur extension géographique, une longue introduction (120 pages) indique le mode d'association de ces espèces suivant les diverses stations qu'elles recherchent et les diverses régions où elles croissent, et forme de cette flore, au point de vue surtout de la géographie botanique, une des meilleures que nous possédions.

A cette flore générale sont venues depuis s'ajouter les énumérations spéciales des plantes du département de la Charente par MM. Alph. Tremeau de Rochebrune et Al. Savatier[1], et du département des Deux-Sèvres, par MM. Sauzé et Maillard[2], qui toutes deux complètent la flore de l'Ouest par l'addition de certaines espèces et par des observations intéressantes sur quelques-unes d'entre elles.

Nous devons aussi signaler ici les notices adressées à la Société botanique de France sur les plantes de la Vendée par M. Letourneux[3], et par M. Personnat sur celles de l'arrondissement de Marennes[4].

Mais un ouvrage qui vient de paraître mérite d'être signalé plus particulièrement par l'importance qu'il présente au point de vue de la Cryptogamie si négligée dans la plupart de nos flores spéciales : c'est la flore du Finistère, par MM. Crouan frères, pharmaciens à Brest[5]. Cet ouvrage comprend 4,188 espèces, dont 3,057 appar-

[1] *Catalogue raisonné des plantes phanérogames du département de la Charente;* Paris, 1860; 1 vol. in-8°.

[2] *Catalogue des plantes phanérogames qui croissent spontanément dans le département des Deux-Sèvres.* (*Mémoires de la Société de statistique, sciences et arts des Deux-Sèvres*, 1864.)

[3] *Bulletin de la Société botanique*, t. VIII, p. 91, 124 et 160.

[4] *Bulletin de la Société botanique*, t. VIII, p. 680.

[5] *Florule du Finistère*, contenant la description de 300 espèces nouvelles de Sporogames, de nombreuses observations et une synonymie des plantes cellulaires et vasculaires qui croissent dans ce département, accompagnée de 32 planches, etc. par Pl. Crouan et H. M. Crouan, 1 vol. in-8°; 1867.

tiennent à la Cryptogamie, 1,131 seulement à la flore phanérogamique. Cette dernière partie, qui n'est qu'une simple énumération avec indication des localités où les plantes croissent, n'offre d'intérêt qu'en ce qu'elle nous présente la réunion de plantes végétant toutes sur des terrains primitifs ou de transition, non calcaires, les plages des bords de la mer faisant seules, à cet égard, exception par les débris de coquillages qui se mêlent au sol primitif.

Mais la partie cryptogamique, celle surtout qui est relative aux Algues, dont MM. Crouan ont fait depuis longtemps une étude si suivie, est au contraire remplie de nouveautés, dues aux recherches assidues de ces habiles explorateurs; la description des espèces nouvelles, des annotations sur d'autres déjà connues, donnent une valeur toute particulière à cette florule. Les Champignons et les Lichens ont été étudiés avec un soin égal et renferment aussi beaucoup d'observations intéressantes, soit sur des espèces nouvelles, soit sur des plantes dont ils ont examiné la structure avec une attention particulière. Sous ce rapport, la Florule du Finistère fournira des documents très-importants à une flore cryptogamique générale de la France.

Le département de la Vienne possède depuis 1842 une flore étudiée avec soin par M. Delastre; dans ces dernières années, M. l'abbé Delacroix et M. l'abbé Chaboisseau, dans diverses communications à la Société botanique[1], ont étendu et approfondi la connaissance des espèces qui croissent dans ce département.

M. le docteur Guépin, qui avait publié une flore très-estimée de Maine-et-Loire en 1830, en donnait une troisième édition en 1845 et un supplément en 1850. Cette région est une des plus intéressantes par la liaison qu'elle établit entre le centre et l'ouest de la

[1] *Nouveaux faits botaniques pour servir à l'histoire des plantes de la Vienne*, par l'abbé S. Delacroix. (*Bulletin de la Société botanique*, t. VI, p. 549.) — *Observations sur douze espèces de Rubus du département de la Vienne*, par l'abbé Chaboisseau. (*Bulletin de la Société botanique*, t. VII, p. 265.)

France et par la nature particulière et variée des terrains qui s'y rencontrent. M. Boreau a aussi ajouté de nouvelles observations sur quelques plantes de la flore de ce département[1].

M. Alfred Deséglise a fait connaître un assez grand nombre de plantes du département du Cher[2] qui n'y étaient pas signalées dans la Flore du centre de la France, et M. Antoine Legrand a publié une énumération de quelques plantes rares du département d'Indre-et-Loire[3]. La flore de ces départements du centre de la France tend ainsi à se compléter chaque jour.

Le massif de montagnes qui occupe la partie centrale de la France, et qui est compris en partie dans la Flore du centre de la France de M. Boreau, avait déjà fixé anciennement l'attention des botanistes; mais c'est particulièrement à MM. Lecoq, professeur à la faculté des sciences de Clermont, et Martial Lamotte qu'on doit des recherches étendues sur la végétation de cette région.

En 1848, ces deux savants botanistes ont publié, sous le titre de *Catalogue raisonné des plantes vasculaires du plateau central de la France, comprenant l'Auvergne, le Velay, la Lozère, les Cévennes, une partie du Bourbonnais et du Vivarais*, une énumération aussi complète que possible des végétaux croissant dans la région dont ils indiquaient ainsi les limites.

Mais les régions montagneuses offrent des limites moins précises qu'aucune autre, leurs vallées s'ouvrant sur les régions basses qui les environnent, et les coteaux qui les bordent participant déjà à la végétation des plaines voisines. Par cette raison, le catalogue du plateau central nous présente souvent des plantes qui appartiennent à des régions très-différentes; mais les indications des

[1] *Précis des principales herborisations faites en Maine-et-Loire en 1862, suivi d'observations critiques sur plusieurs espèces de plantes.* (*Mém. de la Soc. académ. de Maine-et-Loire*, t. XIV, p. 23; 1863.)

[2] *Mémoires de la Société académique de Maine-et-Loire*, t. XIV, p. 97; année 1863.

[3] *Mémoires de la Société académique d'Angers*, t. XVIII; 1865.

localités expliquent facilement ces exceptions, et ce catalogue nous montre les liens qui unissent à ce plateau la végétation de contrées voisines.

Les départements qui touchent immédiatement au plateau central vers le sud-ouest n'ont été que peu explorés par les botanistes, et nous ne trouvons aucun travail relatif à la flore de la Haute-Vienne, de la Corrèze, de l'Aveyron.

Les départements du Lot et du Tarn ont été l'objet d'études suivies. M. Personnat et surtout M. Puel nous ont fait connaître dans plusieurs notices les richesses botaniques du département du Lot et font vivement désirer une flore complète de cette région.

Le département de Tarn-et-Garonne doit à M. Lagrèze-Fossat[1] une flore qui fait bien connaître la végétation de cette contrée.

M. de Martrin-Donos a présenté dans une Flore du département du Tarn, publiée en 1864[2], la végétation de ce département; il a considéré comme espèces distinctes les espèces nombreuses établies dans plusieurs genres par M. Jordan et admises également par M. Boreau; il a pour ces plantes donné des tableaux analytiques et des descriptions de ces espèces, mais sans discussion sur la valeur réelle de ces distinctions spécifiques sur lesquelles on peut élever tant de doutes.

M. Doumenjou, dans ses herborisations sur la montagne Noire et dans les environs de Sorèze et de Castres, avait déjà cherché à nous faire connaître la végétation de ces contrées; mais ce n'était qu'un premier aperçu, que la flore de M. de Martrin-Donos a beaucoup étendu.

Une notice de M. Clos, professeur à la faculté des sciences de Toulouse, est spécialement consacrée à l'étude de la géographie

[1] *Flore de Tarn-et-Garonne, ou description des plantes vasculaires qui croissent spontanément dans ce département*, par A. Lagrèze-Fossat; Montauban, 1847; 1 vol. in-8°.

[2] *Florule du Tarn, ou énumération des plantes qui croissent spontanément dans le département du Tarn*, par M. Victor de Martrin-Donos, 1 vol. in-8°; 1864.

botanique de cette région, qui comprend la partie nord du département de l'Aude et la partie méridionale du département du Tarn, et forme la chaîne de la montagne Noire, qui sert de limite à la région méditerranéenne.

En 1854, M. Arrondeau, ancien professeur au lycée de Toulouse, publiait une Flore toulousaine présentant un catalogue des plantes croissant aux environs de Toulouse, avec des tableaux synoptiques et des observations qui devaient faciliter la détermination des plantes de cette contrée aux personnes qui voudraient en étudier la végétation.

La Flore de Toulouse et de ses environs, par M. Noulet, qui a paru en 1855, comprend une étendue de pays plus considérable que son titre ne semblerait l'indiquer; elle est en effet en grande partie un extrait et une réduction de la flore du bassin sous-pyrénéen, publiée précédemment par le même auteur. M. Timbal-Lagrave, dans plusieurs communications insérées dans les Mémoires de l'Académie des sciences de Toulouse et de la Société de médecine de Toulouse, ou adressées à la Société botanique, a contribué également, par des études spéciales, à mieux faire connaître les plantes de cette région.

Le département de la Dordogne a surtout été l'objet des recherches et des études de M. Charles des Moulins, qui depuis longtemps en a fait connaître les résultats. Dès 1840, il publiait un catalogue des plantes phanérogames de ce département. Depuis lors, en 1846 et 1849, il a inséré, dans les Actes de la Société Linnéenne de Bordeaux, des suppléments qui renferment non-seulement des espèces nouvellement observées dans ce département, mais des discussions approfondies sur diverses espèces litigieuses.

La botanique française possède depuis longtemps une flore bordelaise, due aux études consciencieuses de M. Laterrade[1]; elle s'est successivement accrue et améliorée, et une quatrième édition en a

[1] 1re édition en 1811.

été publiée en 1846[1]; elle comprend les plantes cryptogames alors observées dans cette contrée. Mais vingt ans se sont écoulés, et de nombreuses additions seraient à faire aux espèces signalées dans cette flore, qui a été une des premières flores locales publiées en France.

Les recherches de M. Charles des Moulins, celles plus récentes de M. Durieu, de M. Lespinasse et d'autres zélés botanistes, ajouteraient beaucoup à cette flore, qui comprend des stations très-variées par la nature du sol, la proximité de la mer et l'exposition, et dont les espèces sont étudiées chaque jour avec plus de précision, ainsi que le constatent plusieurs communications intéressantes sur la flore de cette région, qui ont été le résultat de la réunion de la Société botanique de France à Bordeaux, en 1859.

La végétation des Landes, qui présente des caractères si particuliers, n'a pas été le sujet d'une flore spéciale récente et bien étudiée; nous sommes obligé de remonter à l'essai d'une *Chloris* du département des Landes, publié en 1801 par Thore, pour trouver un ouvrage général sur cette contrée intéressante. Depuis lors, Grateloup et Léon Dufour ont fait connaître plusieurs plantes nouvelles de cette région; mais un travail de géographie botanique reste encore à faire, et il offrirait beaucoup d'intérêt si on s'appliquait à lui donner des limites naturelles et non administratives.

La chaîne des Pyrénées a été depuis longtemps l'objet des recherches et des études des botanistes, mais son étendue même, sa division en deux revers, l'un français, l'autre espagnol, sont un obstacle à un ouvrage général présentant un tableau naturel de la végétation de cette grande chaîne de montagnes.

A la fin du siècle dernier et au commencement de celui-ci, les Pyrénées ont été explorées avec persévérance par Picot de Lapeyrouse, qui, en 1813, a publié l'*Histoire abrégée des plantes des Pyrénées*, ouvrage rédigé suivant le système de Linné, auquel on a

[1] *Flore bordelaise et de la Gironde*, par J. F. Laterrade, professeur et directeur du jardin des plantes de la ville, 1 vol. in-12; Bordeaux, 1846.

reproché des erreurs nombreuses de détermination, peut-être excusables dans un travail aussi étendu et à une époque où les moyens de comparaison étaient moins répandus.

Ces erreurs ont été successivement relevées par de Candolle, Bentham, J. Gay et d'autres, et l'herbier de Lapeyrouse, conservé à Toulouse, a été l'objet d'une révision attentive de la part de M. Clos, professeur à la faculté de cette ville [1].

Pendant bien des années aucun ouvrage général n'a été publié sur les plantes des Pyrénées, mais les recherches ne se sont pas ralenties.

MM. Léon Dufour, J. Gay, des Moulins, Timbal-Lagrave, Henri Loret, Debeaux, le colonel Serres, l'abbé Delacroix, l'abbé Miégeville et d'autres botanistes, dont les travaux m'échappent, ont publiés les résultats de leurs recherches sur cette végétation si riche et si variée.

Des botanistes étrangers ont aussi contribué à nous les faire mieux connaître : déjà en 1826, M. Bentham avait publié un catalogue des plantes des Pyrénées et du bas Languedoc; M. Bubani, qui parcourt ces montagnes depuis plus de vingt ans, nous en promet une flore; M. Zetterstedt, envoyé par le gouvernement suédois, a établi une comparaison intéressante entre les plantes de la Suède et de la Laponie et celles des hautes régions des Pyrénées [2].

Une flore plus complète a paru depuis quelques années. M. Philippe, fixé depuis longtemps à Bagnères-de-Bigorre, et qui a recueilli avec ardeur les productions naturelles de toute cette chaîne, en a publié une flore [3], où toutes les espèces qui croissent dans ces montagnes sont énumérées et caractérisées. Il n'y a pas ici d'observations particulières propres à l'auteur, mais les déterminations

[1] *Révision comparative de l'herbier et de l'Histoire abrégée des Pyrénées de Lapeyrouse*, par le docteur Clos; 1857.

[2] *Plantes vasculaires des Pyrénées principales*, par Joh. Em. Zetterstedt, 1 vol. in-8°; Paris, 1857.

[3] *Flore des Pyrénées*, par M. Philippe, naturaliste, 2 vol. in-8°; Bagnères-de-Bigorre, 1859.

paraissent faites avec exactitude, et les descriptions puisées dans les meilleurs ouvrages. Cet ouvrage sera ainsi fort utile aux personnes qui, en parcourant les Pyrénées, voudront en étudier les richesses végétales.

Si des Pyrénées nous nous transportons dans les Alpes, nous verrons que cette grande chaîne de montagnes comprenant en France la Savoie, le Dauphiné et les montagnes de la haute Provence, a été explorée par de nombreux botanistes.

Les hautes sommités qui entourent le mont Blanc et forment les Alpes de la Savoie sont depuis longtemps un des lieux de prédilection des botanistes de la Suisse, de la France et du Piémont; mais les savants distingués qui résident en Savoie ont encore pu ajouter aux études faites sur les plantes de cette contrée, par leurs recherches sur des points moins visités par les voyageurs. Cependant aucune flore spéciale de la Savoie n'a été publiée; les matériaux en ont été réunis par les recherches et les études de MM. Bonjean, Huguenin, de Mgr Billet, évêque de Chambéry, de MM. Perrier, Songeon, Paris. Des observations intéressantes ont été faites sur l'ensemble de cette flore et sur la distribution géographique des plantes qu'elle comprend, par M. le docteur Alfred Chabert[1], qui a montré l'extension que présentait la flore méditerranéenne jusque dans quelques vallées de cette région et les diverses zones qu'on pourrait y distinguer.

Le Dauphiné a été, à la fin du siècle dernier, le sujet d'un des ouvrages les plus importants sur la flore de la France, l'*Histoire des plantes de Dauphiné*, par Villars[2]. Cette flore, résultat des explorations si variées et des observations si consciencieuses d'un botaniste habile, si remarquable pour l'époque où elle fut publiée, est restée la base et le point de départ de tous les ouvrages plus récents publiés sur la flore de cette région.

De nouvelles espèces ont cependant été découvertes dans cette

[1] *Bulletin de la Société botanique*, t. VI, p. 291; t. VIII, p. 595.

[2] 3 volumes in-8°; Grenoble, 1786-1789.

contrée; d'autres ont été reconnues pour se rapporter à des espèces déjà connues dans d'autres pays, et l'œuvre de Villars n'est plus au niveau de la science moderne.

Une nouvelle flore du Dauphiné a été publiée en 1830, par M. Mutel, et une seconde édition en a paru en 1840.

La statistique botanique du département de l'Isère par M. Albin Gras, en 1844, avait aussi donné une nouvelle énumération des plantes de ce département.

M. Grenier, dans la Flore de France, s'était appliqué d'une manière spéciale à l'étude des plantes remarquables de la flore du Dauphiné, et M. Lory, professeur à la faculté des sciences de Grenoble, combinant les études géologiques avec celles qui concernent la botanique, a montré les liens qui les unissent.

Enfin, la session extraordinaire de la Société botanique à Grenoble, en août 1860, a donné lieu à plusieurs communications intéressantes sur la flore du département de l'Isère et des Hautes-Alpes, par MM. Fouché-Prunelle, J. B. Verlot, Léon Soubeiran, G. Lespinasse, l'abbé Auvergne et l'abbé Ravaud.

Les études cryptogamiques de ce dernier lui ont permis de donner une énumération très-étendue des Mousses, des Hépatiques et des Lichens de ces montagnes, plantes si souvent négligées dans les flores locales.

La région méditerranéenne, si différente par sa végétation du reste de la France, complétera ce recensement des travaux sur la flore française et sur les progrès de nos connaissances à son égard. Cette région correspond à celle que de Candolle nommait la région des Oliviers, et s'étend depuis les Pyrénées-Orientales jusqu'aux Alpes-Maritimes, au pied des montagnes qui la séparent des régions plus tempérées.

Montpellier en est le centre géographique et scientifique, et sa flore, étudiée depuis longtemps, peut servir de point de comparaison. Cependant depuis la *Flora Monspeliaca*, publiée par Gouan, en 1765, aucun ouvrage général sur la flore de ce centre de la botanique méridionale n'a paru. Dunal y a travaillé toute sa vie; M. Planchon s'en occupe; mais jusqu'à présent nous ne possédons que des observations dispersées sur ce sujet. M. Godron, après son séjour à Montpellier, a publié des notes sur la flore des environs de cette ville; M. Henri Loret, dans plusieurs notices, a fait connaître les résultats de ses herborisations dans le département de l'Hérault; M. Théveneau a surtout exploré l'arrondissement de Béziers; M. J. E. Planchon a visité avec soin plusieurs parties des Cévennes et a exposé la différence de la végétation, suivant la nature géologique du sol; son frère, M. G. Planchon, a examiné une autre question relative à la flore de Montpellier, en recherchant les modifications qu'elle a subies depuis le XVIe siècle jusqu'à nos jours; étude intéressante et qui montre que, si quelques changements s'opèrent dans la végétation d'un pays, c'est seulement sous l'influence de l'homme et dans une mesure très-restreinte.

La partie occidentale de cette région, le département de l'Aude, a donné lieu à des observations intéressantes de M. Ozanon[1] et de M. Clos[2].

Le département du Gard possédait depuis 1847 un *synopsis* analytique de la flore du Gard, par l'abbé J. G.; mais cet ouvrage, ne consistant qu'en tableaux analytiques, semblables à ceux présentés par Lamarck et de Candolle, sans aucune description ni indication de localité, ne pouvait servir qu'à faciliter les déterminations pendant les herborisations.

Un ouvrage beaucoup plus étendu est le résultat des longues recherches de M. de Pouzols, capitaine en retraite, bien connu de tous les botanistes par ses études sur les plantes de la Corse et du midi de la France. Malheureusement la mort a empêché M. de Pou-

[1] *Note sur les plantes les plus remarquables du versant méridional de la montagne Noire* (Aude), par M. Ch. OZANON. (*Bulletin de la Société botanique*, t. VIII, p. 119, 165; 1861.)

[2] *Coup d'œil sur la végétation de la partie septentrionale du département de l'Aude.* (*Congrès scientifique de France*, 28e session.)

zols de publier lui-même l'ouvrage qu'il avait préparé et qui manque ainsi des généralités dont son auteur l'aurait sans doute fait précéder. Néanmoins cette flore, dont la publication a été terminée par M. Courcière, paraît très-complète et répond à ce qu'on pouvait attendre d'un botaniste aussi expérimenté.

Depuis longtemps, M. Castagne était bien connu des botanistes par ses recherches aux environs de Marseille; car déjà, en 1815, de Candolle le citait dans le Supplément de la Flore française; mais pendant bien des années, il se contenta de faire part de ses observations aux botanistes qui pouvaient en tirer parti; cependant en 1845 il se décida à publier un catalogue des plantes des environs de Marseille, et, en 1851, un supplément à ce catalogue. Il y réunissait les résultats de ses recherches, déjà en partie publiées par d'autres, et en faisait ainsi un ensemble intéressant au point de vue de la localité.

Une énumération plus étendue des plantes du département des Bouches-du-Rhône avait été préparée par lui, et a été publiée, après sa mort, par son ami M. Derbès, professeur à la faculté des sciences de Marseille : c'est une simple énumération avec l'indication des localités où croît chaque espèce; mais la variété des sites de ce département et l'introduction, fort intéressante au point de vue de la distribution géographique de ces plantes, que M. Derbès y a jointe donnent un intérêt spécial à ce petit volume.

Les autres régions de la Provence n'ont pas été l'objet de publications récentes: les départements de Vaucluse, des Basses-Alpes, du Var et des Alpes-Maritimes mériteraient bien cependant une étude spéciale sur leur végétation si variée.

Nous pouvons cependant rappeler, en ce qui concerne le département du Var, le Catalogue des plantes des environs de Toulon, par Robert, directeur du jardin botanique de cette ville, publié en 1838; le Prodrome de la flore du Var, par M. Hanry, enfin les Notes sur quelques plantes de ce département, par M. Huet.

Sur le département des Alpes-Maritimes, on possède une flore de Nice, publiée, en 1844, par Risso; ouvrage trop imparfait pour être considéré comme faisant connaître la végétation de ce beau pays.

M. le docteur Gubler, pendant un séjour de quelques mois sur les côtes de la Provence, a dirigé son attention sur les variations de forme de quelques plantes observées aux environs de Cannes et sur l'influence du voisinage de la mer et de ses émanations salines sur la nature de la végétation[1].

La Corse, depuis le commencement de ce siècle, a été fréquemment l'objet des explorations des botanistes français, et les plantes remarquables que présente sa végétation si variée ont été successivement signalées dans diverses notices et dans les flores françaises. La dernière flore de France, de MM. Grenier et Godron, en renferme particulièrement un grand nombre.

Dans les dernières années de sa vie, un naturaliste dont les actives recherches et la libéralité ont été appréciées de tous les botanistes, et qui a largement contribué à nos connaissances sur la flore française, sinon par ses propres publications, du moins par ses généreuses communications, Requien, d'Avignon, avait voulu, par une dernière exploration de la Corse, compléter les connaissances qu'il possédait déjà sur cette île et en préparer une flore spéciale; sa mort est venue arrêter ce projet, et le savant botaniste Moquin-Tandon, auquel il avait laissé le soin de poursuivre son œuvre, a succombé lui-même lorsqu'il entreprenait cet intéressant travail.

Espérons qu'il sera repris, et que nous posséderons bientôt une flore de cette île, dont la végétation unit la France à l'Italie.

Cet exposé, un peu trop étendu peut-être, et qui présente cependant, sans aucun doute, bien des lacunes, montre combien d'efforts ont été faits depuis vingt-cinq ans pour arriver à une connaissance plus complète des plantes qui croissent sur notre sol.

[1] *Bulletin de la Société botanique*, t. VIII, p. 237, 431.

Ces flores locales, ces documents partiels, étudiés chaque jour avec une plus grande précision, permettront d'établir la distribution géographique des plantes de France avec plus d'exactitude, d'y distinguer des régions naturelles mieux déterminées et de comparer avec plus de certitude la végétation de la France avec celle des pays voisins.

Mais si l'on traçait une carte de nos connaissances plus ou moins étendues sur la flore des diverses parties de la France, on trouverait encore bien des départements à teinter en noir, et sur lesquels nous n'avons jusqu'à ce jour aucun document spécial de quelque valeur.

Espérons que, grâce au zèle des sociétés savantes des départements et à l'extension de l'étude des sciences naturelles, ces lacunes disparaîtront bientôt.

AFRIQUE.

Algérie. — Les parties septentrionales de l'Afrique, dont les côtes sont baignées par la Méditerranée, ont été longtemps désignées sous le nom d'*États barbaresques*, désignation qui signale bien les difficultés qui se présentaient pour leur exploration scientifique. Aussi, il y a un siècle, leurs productions végétales étaient moins connues que celles de contrées bien plus éloignées.

C'est à Desfontaines qu'on doit essentiellement d'avoir fait connaître une partie considérable de cette flore intéressante, dont Shaw, Vahl, Poiret, n'avaient donné que des fragments très-incomplets; mais la *Flora Atlantica*, publiée par Desfontaines en 1799, est restée pendant longtemps le seul ouvrage relatif à la flore des régences d'Alger et de Tunis.

De la conquête d'Alger en 1830 et de l'établissement de la domination française dans toute cette partie de l'Afrique septentrionale date une nouvelle ère pour l'étude de la flore de ces contrées.

Une Commission scientifique fut instituée, sous la direction du colonel Bory Saint-Vincent, pour l'exploration de l'Algérie et pour la publication des matériaux de toute nature qu'elle pourrait réunir.

MM. Bory Saint-Vincent et Durieu de Maisonneuve furent chargés spécialement des recherches botaniques, et la publication de la Flore d'Algérie fut confiée à ces savants. Mais bientôt la mort de Bory Saint-Vincent en laissa la direction à M. Durieu seul.

De longues explorations et des études prolongées furent nécessaires pour préparer cet ouvrage, dont la première livraison parut en 1847.

Un premier volume, consacré à la Cryptogamie, fut publié en 1847 et 1848. A sa rédaction concoururent, outre M. Durieu, MM. Montagne, Léveillé et Tulasne[1], et l'étude de ces plantes fut faite avec toute la perfection qu'on pouvait attendre de ces savants.

En 1852, M. Ernest Cosson fut adjoint à M. Durieu pour l'étude et la publication de la Flore de l'Algérie, et l'on put espérer que ce grand ouvrage se compléterait rapidement : mais une exploration plus étendue, devenue possible par l'extension même de la domination française, fut jugée nécessaire avant de poursuivre la publication, et M. Cosson s'y livra avec une ardeur qui amena les résultats les plus heureux.

La partie de la flore relative aux Phanérogames fut entreprise, et les familles des Graminées et des Cypéracées, formant la classe des Glumacées, furent publiées en 1855. Ces familles y sont traitées avec un soin et des détails qui rendent bien difficile de poursuivre sur le même plan l'ensemble de la partie phanérogamique de la flore. Aussi ce volume est-il considéré comme le second de la Flore de l'Algérie et vient-il d'être complété par une introduction (1867), dans laquelle M. Cosson fait l'historique des travaux publiés sur la végétation de ce pays et rend hommage aux efforts de tous ceux

[1] Malgré son étendue (600 pages et 39 planches), il ne comprend que les Cryptogames inférieures, les classes des Algues, Lichens et Champignons. Six planches consacrées aux Hépatiques, aux Mousses, aux Isoëtes, aux Marsiléacées et aux Characées n'ont pas été accompagnées de leur texte.

qui, depuis 1830, ont concouru par leurs recherches et leurs études à la connaissance plus parfaite des plantes de cette contrée.

Nous sommes obligé, pour rendre une justice complète à tous ceux qui ont aidé par leurs travaux à atteindre ce but, de renvoyer à cette longue énumération, qui comprend des officiers de notre armée, des médecins et des pharmaciens militaires, des magistrats, des professeurs, des instituteurs et des savants et amateurs attirés par la richesse de cette végétation.

Nous nous bornerons à signaler les publications qui concernent la flore de l'Algérie et des régions voisines, et les principales explorations auxquelles elle a donné lieu.

Un seul essai de flore générale a été publié, en 1847, par M. Munby, botaniste anglais, qui a habité pendant plusieurs années en Algérie; mais cette flore, en grande partie extraite de la *Flora Atlantica* de Desfontaines, ne comprend que peu d'additions dues à l'auteur, qui, à l'époque de sa publication, n'avait visité que les environs d'Alger.

M. Durieu de Maisonneuve, à l'époque où il publiait la partie cryptogamique de la Flore de l'Algérie et les planches relatives aux plantes phanérogames, présumant l'intervalle qui pouvait séparer l'atlas du texte, a donné la description d'une partie des espèces représentées dans cet atlas, dans la *Revue botanique* publiée par M. Duchartre[1].

M. Boissier, le savant botaniste de Genève, qui a étudié d'une manière si spéciale les plantes du bassin méditerranéen, a fait connaître, à la suite d'un voyage en Algérie, quelques espèces nouvelles recueillies par lui[2].

M. Debeaux, pharmacien militaire à Boghar, a publié également les résultats de ses explorations dans la haute Kabylie et aux environs de Boghar[3].

[1] Tome I, 1846-1847.

[2] *Pugillus plantarum novarum Africæ borealis Hispaniæque australis*, Genève, 1852.

[3] *Excursion botanique dans la haute Kabylie.* (*Act. de la Société Linnéenne de Bordeaux*, t. XXI, 1856.) — *Catalogue*

M. Pomel, garde-mine à Oran, plus connu par ses travaux géologiques, a cependant voulu apporter aussi son concours aux progrès de la botanique algérienne par ses *Matériaux pour la flore atlantique*[1].

MM. Duval-Jouve, Jourdan, Lefranc, ont ajouté également leur pierre à l'édifice par des notices intéressantes sur les faits observés par eux.

Un genre de publication qui a aussi concouru à étendre la connaissance des plantes algériennes, ce sont les *exsiccata* ou collections de plantes sèches étudiées et nommées avec soin et mises en vente comme des fragments de la flore de cette contrée. Les collections ainsi formées par MM. Bové, Balanza, Bourgeau, Choulette, Clauson, Durando, Kralik, ont beaucoup contribué à fournir des données exactes sur les plantes qui constituent la flore algérienne et à en bien définir les espèces.

Mais la connaissance la plus complète de la végétation de cette partie de l'Afrique et de sa distribution sur ce sol accidenté et varié est due, sans aucun doute, aux voyages répétés et aux explorations étendues de M. Cosson, presque toujours accompagné de quelques zélés collaborateurs, parmi lesquels nous citerons MM. Balanza, Kralik, de la Peyraudière-Letourneux, procureur impérial à Bone, le docteur Marès, etc.

M. Cosson, de 1852 à 1861, a exécuté, sous le patronage si nécessaire du ministère de la guerre, six voyages destinés à lui faire connaître l'ensemble de la végétation de la partie septentrionale de l'Afrique, depuis la côte jusqu'au Sahara.

En 1852, un premier voyage avait pour objet la province d'Oran, depuis son chef-lieu jusqu'au Chott el-Chergui, en visitant les environs de Saïda et de Mascara et la région des hauts plateaux.

Un deuxième voyage, en 1853, fut consacré à la province de

des plantes du territoire de Boghar. (Act. Soc. Linn. t. XXIII.)

[1] *Matériaux pour la flore atlantique*, Oran, 1860, in-8°.

Constantine, de Philippeville jusqu'à Biskra et dans les monts Aurès.

En 1854, le Djurdjura oriental, les montagnes des environs de Blidah, de Médéah et de Miliana furent explorés avec soin.

En 1856, les recherches de M. Cosson et de ses compagnons de voyage se portèrent sur les parties sud des provinces d'Oran et d'Alger jusqu'à l'oasis de Brezina, à près de 400 kilomètres du littoral.

Les régions les plus méridionales de la province de Constantine jusqu'à Tougourt et Ouargla et de la province d'Alger à Laghouat furent le but d'un voyage exécuté en 1858.

Enfin, en 1861, les montagnes des environs de Bône et de Bougie, et de la Kabylie orientale, récemment soumise, fournirent de précieuses découvertes aux mêmes naturalistes; mais ces découvertes furent interrompues par la mort d'un des plus ardents explorateurs de l'Algérie, M. Henri de la Peyraudière-Letourneux, qui succomba aux fatigues du voyage.

Les documents recueillis dans ce voyage, réunis aux communications des autres explorateurs et des botanistes résidant sur divers points de l'Algérie, portent, d'après M. Cosson, le chiffre des espèces de cette contrée à plus de 3,000. Mais l'un des résultats les plus intéressants qui ressortent des rapports rédigés par M. Cosson consiste dans la distinction de plusieurs régions bien caractérisées dans la distribution géographique des espèces algériennes.

Déjà en 1853, à la suite de son premier voyage en Algérie dans la province d'Oran, M. Cosson distinguait deux régions ayant le caractère général de la végétation méditerranéenne, formant la contrée connue sous le nom de *Tell*, et qu'il nommait *région méditerranéenne littorale* et *région méditerranéenne intérieure*, puis la *région des hauts plateaux*, zone plus froide, à végétation spéciale, qui, par la région des *Chott*, se liait à la végétation saharienne.

En 1856, après une exploration plus étendue de l'Algérie, et comme conclusion d'un rapport très-détaillé sur son voyage botanique de 1853, il admettait quatre régions principales :

1° Région méditerranéenne, subdivisée en deux régions secondaires, littorale et intérieure;

2° Région des hauts plateaux, atteignant une altitude entre 700 et 1,000 mètres;

3° Région montagneuse ou des parties élevées de l'Atlas et des chaînes de la Kabylie;

4° Région saharienne ou désertique, essentiellement caractérisée par la culture en grand du dattier et s'étendant au sud de l'Atlas.

Les plantes propres à ces diverses régions sont signalées successivement dans les rapports de M. Cosson[1] et formeront sans doute l'objet d'une introduction au *Synopsis* de la Flore algérienne, dont l'auteur s'occupe en ce moment.

Il est, en effet, bien à désirer que ces nombreux documents, réunis à la suite de tant de recherches pénibles et d'efforts prolongés, ne restent pas dispersés dans des publications isolées[2]. Compléter la belle flore de l'Algérie commencée par la Commission scientifique sur un plan si étendu eût été sans doute un bel édifice à élever à la science; mais si l'étendue même de ce travail de-

[1] Les rapports de M. Cosson et les notices sur ses principales explorations ont été publiés dans les *Annales des sciences naturelles*, partie botanique, ou dans le *Bulletin de la Société botanique de France*. Voici l'indication des plus importants : Rapport sur un voyage botanique en Algérie, d'Oran au Chott el-Chergui. (*Annales des sciences naturelles*, 3ᵉ série, t. XIX, p. 83 ; 4ᵉ série, t. I, p. 220.) — Rapport sur un voyage botanique en Algérie, de Philippeville à Biskra et dans les monts Aurès. (*Annales des sciences naturelles*, 4ᵉ série, t. IV, p. 198 ; t. V, p. 15.) — Itinéraire d'un voyage botanique en Algérie, exécuté en 1856 dans les provinces d'Oran et d'Alger. (*Bulletin de la Société botanique de France*, 1856-1857.) — Lettre sur un voyage botanique exécuté en 1858 dans la partie saharienne méridionale des provinces de Constantine et d'Alger. (*Bulletin de la Société botanique de France*, 1858.) — Note sur un voyage dans la Kabylie orientale et spécialement dans le Babor, exécuté en 1861. (*Bulletin de la Société botanique de France*, 1861.)

[2] Il faudrait, en effet, ajouter aux rapports de M. Cosson sur ses voyages en Algérie plusieurs notices, imprimées soit dans les *Annales des sciences naturelles*, soit dans le *Bulletin de la Société botanique*, sur des genres ou des espèces nouvellement découverts par lui.

vient un obstacle à sa publication et arrête ses auteurs, un tableau plus abrégé de la Flore algérienne sera un grand service rendu à tous ceux qui veulent connaître la végétation si intéressante de cette contrée et la comparer soit à celle des autres pays qui entourent la Méditerranée, soit même à celle de contrées plus éloignées.

Un des résultats les plus intéressants des études de M. Cosson sur la géographie botanique de l'Algérie consiste, en effet, dans les rapports de ses diverses régions avec d'autres pays, et, pour quelques-unes d'entre elles, avec des contrées très-distantes, telles que les régions désertiques de l'Arabie et de l'Orient.

L'exploration de l'Algérie devait faire désirer une connaissance plus étendue des autres parties de l'Afrique septentrionale. Le Maroc, avec ses régions montagneuses, aurait offert un grand intérêt; mais son état politique a rendu jusqu'à présent son exploration presque impossible. M. Balanza, qui l'a tentée cette année (1867), a dû bientôt renoncer à poursuivre son voyage, qui lui a fourni quelques récoltes intéressantes, mais bien incomplètes.

La régence de Tunis a été mieux explorée; déjà, en 1847, M. Prax, dans une mission dont la botanique n'était pas le but, avait cependant recueilli des collections intéressantes communiquées à M. Durieu; mais c'est surtout au voyage exécuté par M. Kralik, en 1854, dans le sud de la régence de Tunis que nous devons de précieux renseignements sur la végétation de cette contrée, sur ses rapports et ses différences relativement aux régions analogues de l'Algérie. On y remarque surtout l'analogie qui existe entre la flore des environs de Gabès, sur le littoral méridional de la régence de Tunis, et la région saharienne de la province de Constantine, qui vient, pour ainsi dire, aboutir à la mer dans ce point et qui unit la végétation de ces contrées avec celle de l'Égypte et de l'Asie.

Abyssinie. — La végétation de l'Abyssinie est une des plus intéressantes à étudier parmi celles des régions intertropicales, par les relations qu'elle présente avec les flores d'autres contrées fort éloignées. Elle offre en effet, à côté d'un grand nombre de plantes qui lui sont propres ou qui se rattachent à celles de la Nubie, du Sennaar et d'autres contrées voisines, un nombre assez considérable de plantes identiques avec celles de la côte occidentale d'Afrique, de la Sénégambie ou du Congo; d'autres, en moindre nombre, dont on retrouve les analogues dans la flore des Indes orientales, et enfin, dans ses régions élevées, des plantes ou identiques ou très-voisines de nos plantes européennes de la région méditerranéenne ou même de la zone moyenne de l'Europe. La grande variété des altitudes du sol et celle du climat qui en est la conséquence expliquent en partie ces similitudes, mais ne les rendent pas moins intéressantes à constater.

C'est principalement à la flore d'Abyssinie, publiée par Achille Richard[1] d'après les matériaux recueillis par Quartin-Dillon et Petit, voyageurs du Muséum d'histoire naturelle de Paris, joints aux matériaux réunis par Guillaume Schimper, qu'on doit d'avoir pu établir ce résultat. Les deux voyageurs français parcoururent ce pays de 1838 à 1843, et moururent victimes de leur dévouement à la science, avant de revoir leur patrie.

Vers la même époque, Guillaume Schimper formait, dans cette même contrée, de riches collections pour l'Union itinéraire d'Esslingue, et, depuis la publication de la flore d'Abyssinie, il a encore adressé directement au Muséum de Paris de précieux envois dont pourrait s'augmenter une nouvelle édition de cette flore.

Avant ces explorateurs, la végétation de l'Abyssinie n'était connue que par des collections très-limitées, formées par des voyageurs dont l'attention était en grande partie dirigée vers d'autres objets : telles furent les plantes décrites dans le voyage de Bruce et les

[1] *Tentamen floræ Abyssiniæ sive enumeratio plantarum hucusque in plerisque Abyssiniæ provinciis detectarum et præcipue a beatis doctoribus Richardo Quartin-Dillon et Antonio Petit (annis 1838-1843) lectarum,* auctore Achille Richard; Paris, 1847; 2 volumes in-8°.

plantes signalées dans un catalogue donné par R. Brown, à la suite du voyage de Salt.

M. Galinier, dans le voyage exécuté par lui et M. Feret en Abyssinie, avait bien formé des collections botaniques, dont le professeur Delile avait extrait quelques plantes intéressantes, qu'il a publiées en 1843[1]; mais leur ensemble n'a pas été l'objet d'études plus étendues.

L'Essai de flore d'Abyssinie d'Achille Richard présente donc un grand intérêt : une comparaison attentive des échantillons réunis entre ses mains avec les plantes des autres contrées, des descriptions concises, mais exactes, forment une base excellente pour une flore qui ne pourra que s'accroître encore notablement, soit par la publication des matériaux réunis depuis sa rédaction, soit par de nouvelles explorations.

En 1859 et 1860, M. Courbon, chirurgien de la marine impériale, avait accompagné le capitaine de frégate Russel dans une exploration d'une partie de la mer Rouge, et il avait profité de quelques excursions sur divers points de l'Abyssinie, à l'île d'Aden et dans quelques autres îles situées à l'entrée de la mer Rouge, pour faire dans chacune de ces localités beaucoup d'observations ainsi que des collections intéressantes d'histoire naturelle.

Les résultats de son voyage ont été présentés à l'Académie des sciences et ont fait l'objet d'un rapport[2] sur les diverses branches de l'histoire naturelle qui avaient fixé son attention. Dans la partie relative à la botanique, le rapporteur signale plusieurs plantes remarquables soit par leur nouveauté, soit par leur distribution géographique, soit enfin par leurs usages médicinaux; tel est, en

[1] *Annales des sciences naturelles*, 2e série, t. XX, p. 88; 1843.

[2] Rapport sur un mémoire de M. Courbon, médecin de la marine de première classe, intitulé : *Résultats relatifs à l'histoire naturelle, obtenus pendant le cours d'une exploration de la mer Rouge, exécutée en 1859-1860, par ordre de l'Empereur, par M. le capitaine de frégate de Russel : Géologie*, par M. Ch. Sainte-Claire Deville; *Zoologie*, par M. Valenciennes; *Botanique*, par M. Brongniart. (*Comptes rendus de l'Académie des sciences*, t. LII, p. 426; 1861.)

particulier, le *Besenna* ou *Mesenna*, l'un des anthelminthiques les plus employés en Abyssinie contre le ténia, et que M. Courbon a le premier bien fait connaître.

M. Courbon a publié lui-même, sous le titre de *Flore de l'île de Dyssée* (mer Rouge)[1], les résultats de ses recherches sur cette localité. Cette petite île, située près de l'entrée de la baie d'Adulis, dans la mer Rouge, explorée avec soin par M. Courbon, lui a procuré 68 plantes phanérogames, dont quelques-unes, nouvelles et remarquables, sont décrites par lui avec soin; les autres, bien déterminées, se rattachent aux plantes connues de l'Arabie et de l'Abyssinie.

Afrique occidentale. — Les côtes occidentales d'Afrique, dans la partie qui constitue ce qu'on a nommé la Sénégambie, avaient été l'objet de recherches botaniques étendues, avant l'époque que nous embrassons dans cette revue, et la Flore de la Sénégambie en avait été le résultat; malheureusement, la mort d'un de ses auteurs et l'éloignement des autres l'ont interrompue après le premier volume, et beaucoup de matériaux précieux sont restés inédits ou sont décrits dans divers ouvrages où ils se trouvent dispersés.

Dans ces dernières années, les établissements français du Gabon et les stations faites sur quelques autres points du golfe de Guinée ont fourni aux collections du Muséum de Paris et de l'exposition des colonies françaises des herbiers fort intéressants par la nouveauté des objets qu'ils renferment, collections dues principalement aux recherches de M. Aubry Le Comte, directeur du Musée des colonies; de M. Griffon du Bellay, médecin principal de la marine impériale, et du révérend père Duparquet. M. Baillon en a entrepris l'étude et a commencé la publication d'une série de notices sur cette flore dans le recueil qu'il rédige[2]. Les trois parties déjà publiées ont pour objet les familles suivantes : Dilléniacées, Ano-

[1] *Annales des sciences naturelles*, 4e série, t. XVIII, p. 130; 1862.

[2] *Études sur l'herbier du Gabon du Musée des colonies françaises.* (*Adansonia*, t. V, p. 361; t. VI, p. 177; t. VII, p. 221; 1865-1867.)

nacées, Ménispermées, Légumineuses, Chrysobalanées et Connaracées. Ce sont ces trois dernières familles qui ont fourni à M. Baillon le plus de nouveautés intéressantes, soit comme types de genres nouveaux, soit comme description d'espèces remarquables et d'études sur l'organisation de ces plantes. M. Baillon a fait souvent, comme les auteurs de la flore du Niger, des incursions jusque dans la flore de la Sénégambie ou dans celle de Madagascar, lorsque les collections d'Heudelot, de Pervillé ou de Boivin lui ont offert des matériaux de comparaison utiles.

Afrique orientale. — Les côtes orientales de l'Afrique tropicale ont été peu visitées par les naturalistes jusque dans ces derniers temps. Il y a quelques années, Boivin a fait un court séjour à Zanzibar, et, plus récemment, M. Grandidier a visité de nouveau cette contrée; il en a rapporté, outre ses collections zoologiques, quelques plantes intéressantes, parmi lesquelles M. le comte Jaubert a trouvé le type d'un nouveau genre, le *Grandidiera*, de la famille des Bixacées[1].

La flore de la grande île de Madagascar a été aussi l'objet d'études botaniques qui n'ont malheureusement pas été poursuivies, et ne forment, comme l'auteur lui-même les intitule avec modestie, que des *Fragmenta floræ Madagascariensis.*

Les riches collections de ce pays, si remarquable par la nature des plantes qui l'habitent, que renferment les herbiers de Paris, celui du Muséum en première ligne, celui de Delessert ensuite, ont engagé M. Tulasne à les étudier et à exposer successivement, famille par famille, les résultats de ses recherches[2].

[1] *Bulletin de la Société botanique de France*, 14 décembre 1866.

[2] «Floræ Madagascariensis fragmenta «scripsit collectave digessit L. R. Tulasne. «Fragmentum primum Combretaceas, «Alangieas, Rhizophoreas, Halorageas et «Lythrarieas includens.» (*Ann. des sciences naturelles*, 4e série, t. VI, p. 75; 1856.) «Fragmentum alterum Passifloreas, Ho«malineas, Chailletiaceas, Hippocratea«ceas, Celastrineas, Ilicineas, Rhamneas, «Pittosporeas, Hamamelideas, Crassula«ceas et Saxifragaceas exhibens.» (*Ibid.* t. VIII, p. 44; 1857.)

Ces herbiers comprennent en effet les plantes recueillies par un grand nombre de botanistes voyageurs, Dupetit-Thouars, Chapelier, Bernier, Richard, Bojer, Goudot, Pervillé, Boivin, etc. et renferment un grand nombre d'espèces non décrites et souvent même des formes qui méritent d'être distinguées génériquement.

Les plantes étudiées par M. Tulasne dépassent 160, dont plus des deux tiers sont nouvelles; elles montrent l'abondance de certaines formes végétales, rares sur d'autres points du globe, même assez analogues par le climat, et peuvent ainsi jeter beaucoup de lumière sur certaines questions de géographie botanique. Il serait vivement à désirer que des études de ce genre fussent poursuivies et pussent donner lieu à une flore de Madagascar aussi complète que l'ensemble des matériaux déjà recueillis le permettrait.

Il est aussi bien à regretter que notre colonie de l'île de la Réunion, dont les plantes ont été, il est vrai, étudiées et décrites, pour la plupart, dans divers ouvrages, n'ait pas été l'objet d'une publication spéciale, qui nous ferait connaître l'ensemble de sa végétation; une flore de cette colonie serait un travail bien digne des encouragements du gouvernement.

De semblables flores se publient depuis quelques années en Angleterre, pour toutes les colonies anglaises, avec le concours de l'Administration des colonies.

ASIE.

Orient. — Les voyageurs français ont concouru depuis longtemps à étendre nos connaissances sur les plantes de l'Asie occidentale, de cette région que nous désignons d'une manière générale sous le nom d'*Orient.* Il suffit de rappeler à cet égard les célèbres voyages de Tournefort et d'Olivier, auxquels devraient s'en joindre beaucoup d'autres dont les résultats sont restés déposés dans les collections et ne sont connus que de ceux qui ont pu les étudier.

Un peu avant la période qui nous occupe, Botta, Bové, Dumont d'Urville, Aucher-Éloy, Coquebert de Montbret et le comte Jaubert parcouraient ces contrées depuis la mer Rouge jusqu'aux côtes de la mer Noire et de la mer Caspienne, dans le but d'en observer et d'en recueillir les productions végétales.

Ces matériaux nombreux, conservés soit dans les galeries du Muséum, soit dans des collections particulières, engagèrent M. le comte Jaubert, peu de temps après son retour de l'Asie Mineure, qu'il explorait en 1839, à publier, non une flore régulière de ces contrées, dont les éléments s'accroissaient chaque jour et à laquelle l'étendue même de cette région aurait ôté son caractère naturel, mais un choix des plantes les plus intéressantes et les moins connues parmi celles qui avaient été recueillies dans l'Orient, depuis Tournefort jusqu'à nos jours. Pour ce grand travail, il jugea nécessaire de s'adjoindre un botaniste ayant déjà une profonde connaissance de ces plantes : il ne pouvait faire un meilleur choix que celui de M. Spach, aide-naturaliste au Muséum de Paris.

C'est dans ces conditions que commença, en 1842, la publication des *Illustrationes plantarum orientalium*, continuée jusqu'en 1857 et comprenant cinq volumes et 500 planches in-4°. Le texte est une suite de descriptions et d'annotations critiques, résultat d'études approfondies; les planches sont accompagnées d'analyses fidèles, tracées sous les yeux de M. Spach.

Les limites géographiques, qui devaient d'abord s'arrêter, vers le sud, à l'Arabie Pétrée, se sont plus tard étendues jusqu'à l'Arabie méridionale et même à l'Abyssinie, dont les plantes des régions tempérées se rattachent, par des affinités très-intimes, à la flore de l'Asie occidentale.

Dans le dernier volume on retrouve aussi, avec intérêt, des planches puisées dans les dessins originaux d'Aubriet, peintre de fleurs célèbre, qui accompagnait Tournefort dans ses voyages.

Cette grande publication est sans aucun doute une des plus importantes parmi les publications relatives à la botanique descriptive qui ont paru en France depuis vingt-cinq ans.

Depuis cette époque, les explorateurs botanistes n'ont pas manqué à l'Orient, et parmi les Français nous pouvons citer : M. Raulin, qui a visité l'île de Crète; M. Gaudry, qui a étudié l'île de Chypre; M. Balanza, qui a parcouru diverses parties de l'Asie Mineure; MM. Blanche, Michon, etc., qui ont voyagé dans la Syrie et la Palestine. Mais c'est le savant M. Boissier, de Genève, qui, après avoir exploré lui-même ces régions, s'est occupé spécialement de la publication des collections formées dans l'Orient.

Indes. — La triste fin du voyage de Jacquemont dans les Indes orientales, terminé si malheureusement par la mort de ce savant explorateur, a rendu sans doute moins complète la publication des résultats si importants pour les sciences naturelles qu'il avait réunis avec tant d'ardeur. Ses collections si précieuses, si nombreuses, si bien recueillies, seraient devenues entre ses mains, avec ses notes et ses souvenirs, le sujet d'études et de travaux que ses amis, éditeurs de ces riches matériaux, ne pouvaient viser à rendre complets. Cependant la partie botanique, dont la publication fut commencée en 1844 par M. Cambessèdes, et bientôt continuée par M. Decaisne, comprend un choix des plantes les plus remarquables réunies par V. Jacquemont, surtout dans le Cachemyr et les régions alpines des Indes, dont les productions étaient alors très-peu connues.

Ces collections et cette belle et importante publication ont eu pour résultat de nous montrer l'analogie frappante qui existe entre la végétation de ces régions élevées de l'Asie centrale et celle de l'Europe tempérée, analogie que l'exploration de la Chine septentrionale est venue encore confirmer, grâce aux recherches d'un savant missionnaire, l'abbé David, auquel le Muséum de Paris doit de nombreuses collections formées dans la Mongolie, au nord de Péking.

AUSTRALIE.

L'Australie, cette sorte de prolongation de l'Asie vers le pôle austral, et les grandes îles qui s'y rattachent ont aussi été l'objet des recherches et des études des botanistes français.

L'Australie proprement dite était depuis longtemps le domaine des savants anglais, et nos voyageurs n'ont pu qu'y glaner dans des circonstances rares et dans des voyages de courte durée; mais la Nouvelle-Zélande, à une époque où elle n'était pas encore devenue colonie anglaise, a fourni aux botanistes français le sujet de plusieurs ouvrages importants.

Nouvelle-Zélande. — Déjà en 1832, à la suite du voyage de *l'Astrolabe*, sous le commandement de Dumont d'Urville, et au moyen de collections formées par ce navigateur et par M. Lesson, médecin de l'expédition, A. Richard publiait un essai d'une flore de la Nouvelle-Zélande, qui ajoutait notablement à ce qu'on connaissait de la végétation de ces îles par les ouvrages de Forster et par quelques publications éparses; le nombre des plantes décrites dans cette flore s'élevait à 380.

En 1846, après un séjour de plus de deux ans à la Nouvelle-Zélande, et particulièrement à la baie d'Akaroa, dans la presqu'île de Banks, région moins connue que la partie nord de ces îles, M. Raoul, chirurgien de la marine, publia, sous le titre de *Choix de plantes de la Nouvelle-Zélande*, un volume qui renferme la description et d'excellentes figures des plantes les plus remarquables qui faisaient partie des riches collections formées avec soin pendant ce long séjour, et qu'il avait offertes au Muséum d'histoire naturelle de Paris.

Outre les espèces nouvelles décrites dans cet ouvrage et dont une grande partie sont figurées sur les 30 planches qui l'accompagnent, M. Raoul, qui a obtenu un utile concours de M. Decaisne pour cette publication, a donné, à la suite de cette partie descriptive, une énumération de toutes les plantes signalées jusqu'à ce jour comme croissant à la Nouvelle-Zélande.

Ce catalogue, qui comprend 920 espèces, est le premier tableau un peu complet de la végétation si remarquable de ces îles; il confirme le fait de géographie botanique déjà signalé par R. Brown et par Dumont d'Urville, de la prédominance des Fougères dans les régions insulaires, car 114 espèces de Fougères et Lycopodes figurent dans cette énumération, c'est-à-dire un huitième du nombre total des végétaux reconnus dans ces îles.

Nouvelle-Calédonie. — Entre les régions australes et tempérées et les îles asiatiques situées près de l'équateur, près de la limite de la région tropicale, se trouve la grande île de la Nouvelle-Calédonie, dont la France a pris possession et commencé la colonisation en 1853.

Nous ne connaissions alors la flore de cette île que par les publications très-restreintes de Forster, en 1786, et de Labillardière, en 1824; mais ces ouvrages ne comprenaient que 121 espèces et pouvaient seulement faire pressentir l'intérêt qu'offrirait pour la botanique la flore de cette contrée.

Depuis l'occupation de cette île par la France, mais surtout depuis 1860, d'actives recherches ont été faites pour arriver à la connaissance des végétaux qui y croissent. MM. Vieillard et Deplanche, médecins de la marine; M. Pancher, jardinier en chef de la colonie; M. Thiébaut, lieutenant de vaisseau; M. Baudouin, capitaine de l'infanterie de marine, ont concouru, par leurs explorations et par les collections qu'ils ont formées, à réunir les matériaux d'une flore de cette contrée.

M. Vieillard, qui a recueilli les collections les plus nombreuses sur des points très-variés de l'île, a publié plusieurs notices intéressantes, destinées à faire connaître quelques-unes des plantes remarquables qu'il avait découvertes[1]; mais, pour beaucoup d'entre elles, il n'avait pas, pendant son séjour à la Nouvelle-Calédonie, les moyens de comparaison et d'étude qui lui auraient permis d'étendre ses publications et de leur donner l'exactitude désirable. Il a profité de son long séjour dans cette île pour faire connaître les plantes utiles[2] qui y croissent, et qui sont employées par les indigènes ou pourraient l'être par les Européens.

Les plantes recueillies par ces zélés et savants explorateurs avaient trop d'intérêt pour la science, pour que les botanistes français qui les avaient à leur disposition ne cherchassent pas à les faire connaître avant que des publications étrangères les devançassent. La plus grande partie des collections formées à la Nouvelle-Calédonie ont été données au Muséum, soit directement par les botanistes qui les avaient recueillies, soit par le Musée des colonies, qui les avait reçues en double; le professeur de botanique du Muséum et un des aides-naturalistes attachés à sa chaire, M. Arthur Gris, ont donc pensé qu'ils rendraient un service à la science en publiant ces plantes intéressantes. Ils n'ont pas suivi un ordre méthodique dans ce travail, mais ils ont commencé leurs études par les familles dont les matériaux étaient les plus complets, ou qui leur paraissaient offrir le plus d'intérêt au point de vue de la géographie botanique.

Des notices successives ont été communiquées à la Société botanique et publiées dans son *Bulletin* et dans les *Annales des sciences naturelles*. Les familles des Protéacées, des Éléocarpées, des Saxifragées-Cunoniées, des Myrtacées, des Pittosporées, des Dilléniacées, des Ombellifères, des Épacridées, des Conifères, des Palmiers, ont été ainsi passées en revue, fournissant presque toutes des

[1] *Étude sur les genres* Oxera *et* Deplanchea. (*Bulletin de la Société Linnéenne de Normandie*, t. VIII; 1862.) — *Plantes de la Nouvelle-Calédonie.* (*Ibid.* t. IX; 1865.) — *Sur quelques plantes intéressantes de la Nouvelle-Calédonie.* (*Ibid.* t. X; 1866.)

[2] *Plantes utiles de la Nouvelle-Calédonie.* (*Annales des sciences naturelles*, 4e série, t. XVI, p. 28.)

formes nouvelles et remarquables, qui ont amené la création de genres propres à la végétation de cette île et de celles qui en sont voisines.

Dans d'autres familles, des genres remarquables ont été signalés ou étudiés de nouveau[1].

En dehors des recherches poursuivies sur la flore de la Nouvelle-Calédonie par ces auteurs, diverses familles ont été étudiées par des botanistes qui s'en occupaient spécialement : les Euphorbiacées, par M. Baillon; les Bignoniacées, par M. Bureau; les Verbénacées, par M. Bocquillon. Les Cryptogames on eu aussi leurs monographes spéciaux : les Algues ont été publiées par M. Kutzing; les Lichens, par M. Nylander; les Fougères, par M. Mettenius.

Les matériaux d'une flore complète se préparent ainsi et deviendront plus faciles à mettre en œuvre, si des collections plus riches en bons échantillons peuvent être réunies.

La végétation de la Nouvelle-Calédonie, à peine entrevue il y a dix ans, offre plus d'intérêt que celle de beaucoup d'autres contrées, à cause de ses caractères particuliers, qui l'unissent, d'une part, à celle de l'Australie, et de l'autre, à celle des îles d'Asie; c'est ce que M. Brongniart a cherché à faire ressortir dans une communication faite à l'Académie des sciences en 1865[2].

Une petite île dépendant de la Nouvelle-Calédonie, l'île Art, a été explorée avec soin par le père Montrouzier, missionnaire, qui a publié le résultat de ses recherches sous le titre de *Flore de l'île Art,* dans les Mémoires de l'Académie des sciences et belles-lettres de Lyon. Les types des plantes décrites par M. Montrouzier ne paraissent pas avoir été conservés par lui ou déposés dans quelques collections en France, de sorte qu'il existe beaucoup d'obscurité sur plusieurs des plantes qu'il y décrit.

Nous devons faire remarquer ici que, si nos connaissances rela-

[1] *Vieillardia, Agation, Crossostylis, Xeronema, Joinvillea, Soulamea, Symplocos, Grisia, Bikkiopsis.*

[2] *Considérations sur la flore de la Nouvelle-Calédonie.* (*Comptes rendus de l'Acad. des sciences,* 3 avril 1865, t. LX, p. 641.)

tives à la flore de la Nouvelle-Calédonie ont pris un grand développement depuis quelques années et ont porté le nombre des espèces recueillies de 130 à plus de 1,300, une partie de ces plantes se retrouvera probablement dans les archipels voisins des Viti, de Samoa, des Nouvelles-Hébrides, dont les voyageurs américains[1] et anglais[2] nous font connaître les productions.

AMÉRIQUE.

Les flores américaines ont été l'objet de deux publications considérables, indépendamment d'autres travaux moins étendus et moins complets.

Brésil. — Le Brésil, dont les productions végétales ont été l'origine de tant de beaux ouvrages, n'a été pour la France, depuis trente ans, le sujet d'aucune grande publication. Celle qui fut commencée par Auguste de Saint-Hilaire, au retour de ses voyages si fructueux pour la botanique, a été interrompue, par suite de l'état de santé de son auteur, en 1833, à la moitié du troisième volume, et n'a pas été continuée. Auguste de Saint-Hilaire n'a publié depuis lors, relativement à la botanique du Brésil, qu'une notice sur la comparaison de la végétation d'un pays en partie extra-tropical avec celle d'une contrée limitrophe entièrement située entre les tropiques; c'est une comparaison de la végétation de la province de Saint-Paul avec celles des provinces plus rapprochées de l'équateur, telles que Goyas et Minas.

Le séjour de Gaudichaud à Rio-Janeiro, le long voyage de M. Weddell à travers une grande partie du Brésil, ont beaucoup étendu les collections de plantes brésiliennes; mais ces savants

[1] *United States exploring expedition during the years 1838-1842, under the command of Charles Wilkes; Botany*, by Asa Gray; New-York, 1856.

[2] Seemann, *Flora Vitiensis, a description of the plants of the Viti or Fiji islands;* London, 1865.

voyageurs n'ont publié que des portions très-restreintes des plantes recueillies par eux.

Si les études sur la flore brésilienne ont été un peu abandonnées en France depuis trente ans, d'autres parties de l'Amérique ont réclamé le concours des botanistes français.

Chili. — M. Claude Gay, pendant un séjour de près de dix années au Chili, après y avoir recueilli les productions naturelles de toutes les provinces et des notes nombreuses sur leurs stations et leurs usages, a entrepris, après son retour en France, la publication d'une histoire physique et politique du Chili, dont la botanique forme une partie très-considérable, puisque huit volumes lui sont consacrés.

La *Flora Chilena* est, sans aucun doute, une des flores les plus complètes parmi celles qui ont été publiées sur des contrées extra-européennes; elle comprend 3,767 espèces, dont plus de 3,000 ont été rapportées par M. Gay lui-même, les autres ayant été ajoutées d'après les indications de divers auteurs, et si M. Gay n'a pas épuisé complétement ce sujet, il est certain qu'il a réuni une très-forte proportion des matériaux qui doivent constituer l'ensemble de cette flore, surtout pour les plantes phanérogames. Il y a là des bases très-solides pour les études de géographie botanique.

La rédaction de cette flore n'est pas entièrement due aux travaux personnels de M. Gay. Les sujets si divers que comprenait la grande publication qu'il avait entreprise l'ont obligé à partager le fardeau, et plusieurs habiles botanistes se sont chargés de traiter monographiquement diverses familles naturelles.

MM. Barnéoud, Clos, Desvaux, Remy, Richard, ont ainsi pris une part très-importante à la rédaction de cet ouvrage; la partie relative aux Cryptogames cellulaires est due à la collaboration du docteur Montagne et forme les deux derniers volumes de la *Flora Chilena*.

Le voyage au pôle sud exécuté par Dumont d'Urville avait fourni à M. Hombron, chirurgien de cette expédition, d'intéressants matériaux sur la végétation des terres magellaniques et de quelques autres points des régions australes; plusieurs de ces plantes ont été figurées par M. Hombron dans l'atlas botanique de ce voyage; mais la mort de ce naturaliste et l'emploi d'une nomenclature qui n'était plus en rapport avec l'état de la science depuis la publication de la *Flora antarctica* du docteur Joseph Hooker ont ôté à cet ouvrage beaucoup de son utilité. M. Decaisne a bien voulu se charger, dans un fascicule publié en 1853, de rétablir cette nomenclature en donnant les caractères de ces plantes et l'explication des figures, dont l'ensemble présente de l'intérêt pour la connaissance de la végétation de cette extrémité australe de l'Amérique.

Bolivie. — Les collections botaniques fort étendues réunies par d'Orbigny, pendant son long voyage dans l'Amérique méridionale, ont donné lieu à plusieurs publications qui forment un volume de la relation de son voyage.

Les Cryptogames étudiées par M. Montagne ont formé deux séries, l'une relative à celles de la Patagonie, l'autre à celles de la Bolivie; et les Phanérogames de ces deux circonscriptions géographiques devaient suivre, sans des difficultés qui en ont arrêté la publication.

Une autre partie importante de ce voyage est relative à la famille des Palmiers; ces végétaux, si mal connus à l'époque où d'Orbigny partait pour l'Amérique, avaient été particulièrement recommandés à son attention, et on l'avait invité à profiter de son talent comme dessinateur pour rapporter, outre les échantillons, des représentations de leur port et des parties difficiles à conserver. D'Orbigny s'appliqua avec ardeur à la recherche et à l'étude de ces végétaux et rapporta une série de dessins qui, joints à des notes et souvent à des échantillons, permirent au savant botaniste qui a attaché son nom à cette grande famille, à M. de Martius, auquel tous ces matériaux furent confiés, d'en faire l'objet de la troisième partie, la plus importante, des publications du voyage de d'Orbigny, sous le titre de *Palmetum Orbignianum* (Paris, 1847). La connaissance approfondie que M. de Martius possédait déjà des Palmiers du Brésil donnait à ses études sur ceux de la Bolivie et des régions voisines une certitude que personne n'aurait pu posséder, et qui lui a permis de joindre à ses descriptions beaucoup de notes et d'additions qui donnent un prix tout spécial à ce travail.

Les collections formées dans les Cordilières de la Bolivie par Alcide d'Orbigny, celles qui ont été réunies dans la Colombie ou Nouvelle-Grenade par Justin Goudot, faisant partie les unes et les autres des herbiers du Muséum de Paris, engagèrent deux savants botanistes à en commencer l'étude et la publication en 1846.

M. Remy se proposait de faire connaître les plantes nouvelles recueillies par d'Orbigny et publiait en 1846 et 1847[1] deux articles sur ces plantes, sous le titre d'*Analecta Boliviana,* notices dans lesquelles il comprenait également quelques plantes rapportées des mêmes contrées par M. Pentland; mais ce travail, limité à un petit nombre d'espèces (40), n'a pas été continué, l'étude des Composées du Chili pour la *Flora Chilena* et un long voyage scientifique en ayant détourné l'auteur.

Colombie. — L'étude des plantes nouvelles de la flore de Colombie, par M. Tulasne[2], ne comprend également que quatre notices, relatives à un nombre assez restreint d'espèces nouvelles (60) recueillies par M. Goudot et par quelques autres voyageurs, Linden, Funck, etc. Mais, outre des descriptions très-complètes,

[1] *Analecta Boliviana seu nova genera et species plantarum in Bolivia crescentium,* auctore Jules Remy. (*Annales des sciences naturelles,* 3e série, t. VI, p. 345; t. VIII, p. 225; 1846-1847.)

[2] *Flore de Colombie, plantes nouvelles décrites* par M. L. R. Tulasne. (*Annales des sciences naturelles,* 3e série, t. VI, p. 360; t. VII, p. 257, 360; t. VIII, p. 327; 1846-1847.)

ces notices renferment des observations critiques très-justes sur les limites et les affinités des genres dont elles traitent et qui ajoutent beaucoup à l'intérêt de ces fragments de la flore de Colombie.

En 1853, MM. Planchon et Linden avaient voulu aussi entreprendre, avec l'appui du gouvernement belge, une flore de Colombie, dont les principaux matériaux avaient été recueillis par M. Linden et par ses collaborateurs, MM. Funck, Schlim et Triana, et ils se proposaient d'en publier les prémisses sous le titre de *Prœludia floræ Colombianæ;* mais un premier article a seul paru en 1853[1], renfermant la description de trois plantes, dont une fort remarquable par son inflorescence hypophylle.

Ces publications interrompues ont été les avant-coureurs de travaux plus considérables sur ces contrées centrales de l'Amérique méridionale, maintenant déjà assez avancés pour qu'on puisse compter sur leur terminaison.

M. Triana, qui avait été chargé par le gouvernement de la Nouvelle-Grenade de réunir les matériaux d'une flore de cette région, était venu s'établir à Paris pour étudier ses riches collections et en préparer la publication. Après bien des entraves et des difficultés étrangères aux études scientifiques; après avoir examiné en commun avec M. Planchon, dont la longue expérience devait lui fournir un concours indispensable, les collections de Paris et de Londres, qui devaient compléter celles qu'il apportait d'Amérique, ces deux savants ont commencé la publication d'un prodrome de l'ouvrage plus étendu dont le gouvernement de la Nouvelle-Grenade se proposait d'enrichir la science. Ce prodrome, inséré par parties dans un recueil périodique[2], forme déjà un volume de près de 400 pages, comprenant la moitié à peu près des plantes dicotylé-

[1] *Prœludia floræ Colombianæ,* ou matériaux pour servir à la partie botanique du voyage de J. Linden, par M. J. E. Planchon et Linden. (*Annales des sciences naturelles,* troisième série, tome XIX, p. 74.)

[2] *Annales des sciences naturelles,* 4e série, t. XVII et XVIII; 1862.

dones polypétales; de bonnes descriptions des espèces nouvelles, la détermination exacte des espèces déjà connues et de nombreux renseignements géographiques remplissent parfaitement le cadre d'une flore semblable et font vivement désirer de voir sa publication se continuer sans retard.

Les familles de plantes cryptogames ont été étudiées et publiées par les botanistes les plus compétents, MM. Nylander, Gottsche, Hampe, Mettenius, Al. Braun; et les articles qui leur sont consacrés forment par leur réunion un volume important de ce prodrome.

Mais il nous reste à signaler l'ouvrage le plus considérable qui ait été publié depuis longtemps sur la botanique de l'Amérique et le plus intéressant par les limites géographiques que l'auteur s'est tracées. La grande chaîne des Andes qui s'étend depuis les terres magellaniques jusqu'à l'isthme de Panama présente ses sommets les plus élevés dans la région équatoriale, et offre ainsi une zone très-étendue à la végétation, analogue à celle de nos régions alpines; c'est ce qu'on doit nommer la *végétation andine*, et c'est celle que M. Weddell s'est proposé de faire connaître dans sa *Chloris Andina*, qui embrasse ainsi les parties les plus élevées de ces montagnes jusqu'à la limite des neiges, depuis le Chili jusqu'à la Nouvelle-Grenade, et dont il a exploré lui-même toute la partie centrale dans la Bolivie et le Pérou.

Ce bel ouvrage, qui fait partie de la publication de l'*Expédition dans les parties centrales de l'Amérique du Sud, sous la direction du comte Francis de Castelnau*, à laquelle M. Weddell était attaché, comprend deux volumes de 80 planches publiés de 1855 à 1860; un troisième est nécessaire pour le compléter; des difficultés administratives en ont retardé l'apparition, mais on doit espérer qu'elles seront levées, car il serait bien à regretter qu'un ouvrage aussi bien exécuté et si intéressant pour les sciences naturelles restât inachevé.

En effet, cet ensemble des végétaux des hautes régions de

l'Amérique offre non-seulement beaucoup de formes nouvelles ou peu connues, mais leur comparaison avec la végétation analogue des montagnes de l'Europe est d'un grand intérêt pour la géographie botanique et pour l'histoire de la dissémination des végétaux sur le globe. On y remarque l'énorme prépondérance des Composées, qui ne se montrent qu'en bien moindre nombre parmi nos plantes alpines; on y retrouve les Gentianées en très-forte proportion; les Saxifragées, au contraire, manquent presque complétement; les Malvacées naines, qui sont étrangères à nos formes alpines, y sont abondantes. Il est évident que cette comparaison, que nous ne pouvons poursuivre ici et que M. Weddell ne manquera pas d'exposer dans les généralités qui suivront la publication de la partie descriptive, mérite toute l'attention des naturalistes.

On voit, en outre, combien les longs voyages d'explorations scientifiques, dont les résultats matériels sont déposés dans nos grandes collections publiques, fournissent d'éléments importants pour les publications générales, même lorsqu'ils n'ont pas pu immédiatement être livrés à la publicité.

C'est ce qui arrivera un jour pour d'autres parties de l'Amérique qui n'ont donné lieu à aucune publication importante depuis vingt-cinq ans. Ainsi la Guyane et les Antilles, dont les productions végétales sont venues enrichir nos collections, grâce aux explorations de MM. Leprieur, Mélinon et Sagot à la Guyane, de MM. Lherminier et Bellanger aux Antilles, fourniront un jour les moyens de publier les flores de ces colonies, qui manquent encore à la science, et, en attendant, on y trouve des matériaux précieux pour des travaux spéciaux.

Mexique. — Les collections formées depuis longtemps au Mexique par divers voyageurs français ou étrangers viennent de s'accroître notablement par les recherches des membres de la Commission scientifique du Mexique. M. Bourgeau, chargé spécialement des collections botaniques, a rapporté de nombreux matériaux d'étude collectés avec le soin dont il a si souvent fait preuve dans d'autres voyages. M. Hahn, ancien jardinier au Muséum de Paris, chargé spécialement des envois de végétaux vivants, a également contribué sur d'autres points à enrichir les collections de plantes sèches. M. Gouin, médecin principal de la marine, et M. Mehedin, artiste attaché à la Commission, ont aussi concouru, par des collections formées dans des localités différentes, à étendre la masse des objets sur lesquels l'étude pourra porter, et qui sont maintenant soumis, sous la direction de M. Decaisne, à l'examen de M. le docteur Eugène Fournier, qui doit en donner l'énumération. Il serait heureux qu'il pût sortir de ces études un tableau de la végétation de ce vaste pays, aussi complet que le permet l'état de nos connaissances. MM. de Humboldt et Bonpland en ont jeté les bases, il y a plus de soixante ans; on doit chercher maintenant à le compléter au moyen des nombreux matériaux réunis de toutes parts.

CHAPITRE IV.

TRAVAUX RELATIFS AUX VÉGÉTAUX FOSSILES.

L'étude des végétaux fossiles, ou la paléontologie végétale, est une science toute moderne; car l'examen attentif et la comparaison approfondie des fragments de végétaux renfermés dans les couches du globe ne remontent pas à cinquante ans. Mais depuis vingt-cinq ans elle a été poursuivie avec ardeur sur un grand nombre de points et elle a fourni de précieux documents pour l'histoire de la terre.

Les végétaux, en effet, vivant pour la plupart sur la partie de la surface de la terre élevée au-dessus des eaux, fixés au sol, soumis à toutes les influences du climat, peuvent nous donner sur les conditions physiques de ce sol émergé et de l'atmosphère qui l'environne des données plus précises que les êtres vivant au sein des mers.

Aussi on a bientôt senti tout l'intérêt que présentaient pour la géologie les recherches de cette nature, et elles ont été poursuivies sur tous les points de l'Europe et même en Amérique. Nous n'avons pas à nous occuper ici des travaux nombreux publiés à l'étranger, mais seulement des progrès de ces études en France.

Beaucoup d'ouvrages ou de mémoires ont eu pour objet la description des végétaux fossiles appartenant à des terrains déterminés et à des localités plus ou moins circonscrites; mais un seul travail a cherché à embrasser l'ensemble de ces matériaux et à en exposer un tableau sommaire : c'est l'article *Végétaux fossiles* du *Dictionnaire universel d'histoire naturelle* de d'Orbigny, publié séparément sous le titre de *Tableau des genres de végétaux fossiles*[1].

[1] *Tableau des genres de végétaux fossiles, considérés sous le point de vue de leur*

Dans ce travail l'auteur s'est proposé, dans le petit nombre de pages qui pouvaient lui être consacrées, de présenter l'ensemble des genres qui avaient été établis ou reconnus parmi les végétaux fossiles, de les rapporter autant que possible aux familles naturelles dans lesquelles leur organisation devait les classer, en examinant, dans les cas douteux, les motifs qui déterminaient la place qu'il leur attribuait; de définir ces genres et leur synonymie, en indiquant les principales espèces qu'ils comprennent et en signalant quelquefois des formes qui méritent d'être distinguées génériquement.

A cette révision des familles et des genres de végétaux fossiles succède une récapitulation par terrain, qui permet de suivre les changements successifs qui se sont opérés dans la nature de la végétation terrestre, autant du moins que les connaissances acquises à l'époque de la publication de ce travail le permettaient, depuis les premières traces de la végétation dans les terrains paléozoïques jusqu'à la flore des terrains tertiaires les plus récents.

Se fondant sur les caractères anatomiques, autant que la nature des restes des végétaux le permet, l'auteur croit pouvoir établir que, parmi les Dicotylédones, la division des Gymnospermes existait seule dans les terrains anciens jusqu'à la fin de l'époque jurassique; que les Monocotylédones elles-mêmes étaient rares et souvent douteuses pendant cette longue période; que les Cryptogames acrogènes et les Dicotylédones gymnospermes constituaient presque seules l'ensemble de la végétation, successivement modifiée cependant dans ses formes, jusqu'à l'époque crétacée, où commencent à apparaître, avec des caractères spécifiques, et probablement souvent génériques, différents, les familles dicotylédones et monocotylédones qui existent encore aujourd'hui : tels sont les principaux résultats établis dans ce tableau des genres des végétaux fossiles, qui résu-

classification botanique et de leur distribution géologique, par M. Adolphe Brongniart; Paris, 1849.

mait l'état de la science à cette époque, au point de vue du moins des opinions de son auteur, et à la suite desquels il croyait pouvoir diviser cette longue série de végétations différentes en trois grandes périodes, qu'il désigne, d'après la prédominance des formes qui y existaient, sous les noms de *règne des Acrogènes*, *règne des Gymnospermes* et *règne des Angiospermes*.

Parmi les travaux spéciaux formant ce que l'on peut considérer comme des flores locales d'une époque géologique, un des plus importants, et en même temps le plus anciennement publié pendant la période qui nous occupe, est le bel ouvrage de MM. W. P. Schimper et A. Mougeot sur les plantes fossiles du grès bigarré des Vosges[1].

Des échantillons nombreux, très-variés et souvent fort étendus, ont permis à ces savants botanistes d'étudier, d'une manière bien plus complète qu'on ne l'avait fait avant eux, les singuliers végétaux qui constituent cette petite flore d'une époque géologique, pour ainsi dire, de transition entre la végétation de la période houillère et celle de la période jurassique. Le nombre des espèces a été porté à 30, et cependant des espèces admises précédemment comme distinctes ont été réunies comme de simples variétés; des tiges de Fougères arborescentes y ont été découvertes, et la famille des Cycadées, qu'on n'y avait pas encore observée, y montre déjà deux représentants. Des planches qui reproduisent avec une rare fidélité, non-seulement les caractères, mais l'aspect de ces fossiles, ajoutent encore à la valeur de cet ouvrage fondamental pour la connaissance de la végétation contemporaine de la formation du grès bigarré.

Les Vosges comprennent une autre formation géologique dont la flore, moins nombreuse et encore moins connue que celle du grès bigarré, méritait bien de fixer l'attention des naturalistes.

Les végétaux qui la représentent sont renfermés dans des roches

[1] *Monographie des plantes fossiles du grès bigarré de la chaîne des Vosges*, par W. P. Schimper et A. Mougeot, 1 vol. in-4°, avec 40 planches; Leipzig, 1844.

du terrain de transition, qui, par leur nature et leur mode de formation, ont souvent fortement altéré les portions de plantes qu'elles renferment; néanmoins M. Schimper en a fait une étude aussi complète que le permettait cet état imparfait, dans le bel ouvrage sur le terrain de transition des Vosges, publié en commun par M. Kœchlin-Schlumberger et par lui[1].

L'altération des tiges nombreuses qu'il a figurées et décrites peut bien laisser dans certains cas des doutes, qu'il exprime lui-même, sur la limite des genres et des espèces, mais la nature elle-même nous refuse, dans ce cas, de parvenir à des résultats plus certains. Les mêmes difficultés s'étaient présentées à M. Gœppert dans l'étude des fossiles végétaux de ces époques anciennes en Allemagne, et nous laissent très-souvent dans l'incertitude sur la nature réelle de quelques-uns de ces végétaux qui ont précédé la formation houillère; ils sont ici représentés par quelques espèces de Calamites, de *Stigmaria*, de *Lepidodendron* et de Fougères.

Les terrains houillers, qui, par leur importance industrielle, ont en premier appelé l'attention sur les empreintes de plantes qui accompagnent les couches de charbon, n'ont pas été, en France, dans ces derniers temps, l'objet de travaux étendus, et cependant des études locales sur les espèces végétales que chaque bassin houiller renferme, et même, encore mieux, sur la flore spéciale de chacune des couches qui constituent ces terrains, pourraient jeter beaucoup de jour sur bien des points obscurs de cette partie de la paléontologie végétale.

Comme j'ai eu occasion de le faire remarquer dans une notice sur les *Nœggerathia* et sur leurs relations avec les végétaux vivants[2], chacune des couches de houille ne présente souvent dans les roches qui les recouvrent qu'un nombre assez restreint de formes végé-

[1] *Le terrain de transition des Vosges*, par MM. Koechlin-Schlumberger et W. Schimper, 1 vol. in-4°; Strasbourg, 1862.

[2] *Comptes rendus de l'Académie des sciences*, t. XXI, p. 1392; 29 décembre 1845.

tales détruites, qui constituaient l'ensemble de la végétation vivant au moment de la formation de cette couche de charbon. Lorsque ces restes se rapportent à des tiges, à des feuilles, à des fruits, on peut déduire, avec une grande probabilité, de leur association que ces divers organes appartenaient à une même plante, surtout si des associations de même sorte se représentent dans plusieurs localités et si le rapprochement de ces diverses parties se trouve justifié par l'analogie avec les végétaux vivants.

C'est sur des considérations de cette nature que j'ai cru pouvoir me fonder pour réunir diverses parties appartenant au genre *Nœggerathia* et pour établir les rapports de ce genre avec les Cycadées. Des recherches poursuivies avec constance sur un même point, la réunion de tous les échantillons qui pourraient servir à reconstruire chaque espèce, leur étude et leur représentation par des dessins exacts seraient le genre de travail le plus utile pour parvenir à une connaissance précise de la végétation houillère et le but qu'on pourrait proposer aux botanistes qui habitent à proximité des exploitations de ces mines, et surtout aux ingénieurs si éclairés qui dirigent et surveillent ces travaux.

La connaissance exacte des plantes de cette formation permet d'en faire une application utile en déterminant la vraie nature des couches charbonneuses dont le gisement offre des incertitudes. Des problèmes de cette nature ont souvent été posés à ceux qui s'occupent de ces études. M. Bureau en a donné récemment un exemple, en déterminant la nature réellement houillère de quelques empreintes végétales qui accompagnaient le charbon de la Rhune, dans les Basses-Pyrénées[1].

La rencontre des véritables couches houillères a pu ainsi être reconnue avec certitude dans un forage opéré, près du Creuzot, à travers le grès bigarré, par quelques empreintes caractéristiques du terrain houiller rapportées par la sonde.

[1] *Bulletin de la Société géologique,* t. XXII, p. 846; 1866.

Les mémoires sur la géologie de divers points de la France ont souvent signalé des végétaux fossiles déjà connus comme appartenant et caractérisant certaines formations; mais leurs auteurs ne se sont presque jamais occupés d'une manière spéciale de ces fossiles, et aucune publication française n'a eu pour objet les végétaux qui se trouvent dans les formations comprises entre le grès bigarré et la craie; nous les voyons seulement cités dans les études géologiques de MM. Coquand, Mougeot, Lory, Terquem, etc., mais sans qu'un examen botanique ajoute à ce que nous savions déjà à leur sujet.

La végétation de l'époque tertiaire, longtemps négligée en France, tandis qu'elle était en Allemagne et en Suisse le sujet des ouvrages importants de MM. Gœppert, Unger, Heer, Ettinghausen, est devenue, depuis quelques années, l'objet d'études nombreuses, qui font connaître les flores particulières de beaucoup de dépôts tertiaires et la succession de ces végétations diverses.

Déjà, en 1848, M. Raulin avait cherché à répartir entre les trois périodes principales des terrains tertiaires les plantes décrites à cette époque par divers auteurs, et surtout par Unger dans sa *Chloris protogæa.* Mais le nombre des espèces était alors trop limité, leur connaissance trop imparfaite et la classification même des terrains qui les renfermaient trop douteuse, pour qu'on pût arriver à des résultats de quelque importance; c'était plutôt l'indication d'un but de recherches, que les travaux plus récents permettent d'atteindre en partie.

M. le comte de Saporta, qui depuis bien des années réunissait les fossiles des terrains tertiaires de la Provence et en étudiait le gisement avec M. Matheron, commençait en 1861 une série de publications sur les végétaux fossiles de l'époque tertiaire[1] trouvés

[1] *Études sur la végétation du sud-est de la France à l'époque tertiaire,* par M. le comte Gaston DE SAPORTA. (*Ann. des sc. naturelles,* 4ᵉ série, t. XVI, p. 309; 1861.) — Dans la même année, M. de Saporta publiait, dans l'ouvrage de M. Heer, intitulé : *Recherches sur le climat et la végétation des pays tertiaires,* un *Examen ana-*

dans les localités variées de la Provence. Il cherche d'abord à bien établir les rapports géologiques des différents terrains qui, dans des localités diverses, lui ont fourni les matériaux de ses études. Puis, dans une succession de mémoires, il fait connaître les flores partielles de chacun de ses gisements.

La flore bien restreinte qui accompagne les lignites inférieurs près de Marseille, la flore beaucoup plus nombreuse de l'étage du gypse d'Aix, considérée dans divers lieux, à Aix, à Gargas et à Gignac, près d'Apt (dép. de Vaucluse); celle de Saint-Zacharie (dép. du Var), celle des calcaires marneux des environs de Marseille, fournissent autant de séries. Enfin, sortant des limites de la Provence, M. de Saporta consacre un dernier mémoire à la végétation si riche et si variée que nous a conservée le gisement d'Armissan, près de Narbonne.

L'ensemble de ces études publiées dans les *Annales des sciences*, de 1861 à 1866, forme deux volumes accompagnés de 47 planches, qui retracent avec une fidélité parfaite tous les caractères si délicats et en même temps si importants qui servent à distinguer ces fossiles.

Mais ce n'est pas seulement par l'exactitude des descriptions et des figures qui permettent de caractériser les espèces que l'ensemble des travaux de M. de Saporta se fait remarquer. Il a mis un soin tout particulier aux comparaisons qu'il a établies entre les fossiles et les plantes de l'époque actuelle auxquelles il les compare, admettant dans la nomenclature de ces fossiles la méthode déjà proposée pour constater le degré de certitude qu'on croyait pouvoir attribuer à l'analogie des fossiles et des vivants dans les rapprochements génériques. L'étude de l'herbier du Muséum de Paris et des plantes cultivées dans cet établissement, les compa-

lytique des flores tertiaires de la Provence, qui comprenait l'ensemble des résultats auxquels il était parvenu à cette époque et qui ont été développés et très-augmentés dans ses mémoires postérieurs. (*Annales des sciences naturelles*, 4e série, t. XVII, p. 191; t. XIX, p. 5; — 5e série, t. I, p. 52; t. III, p. 5; t. IV, p. 5.)

raisons répétées et minutieuses, les doutes mêmes qu'il exprime, donnent beaucoup de valeur aux rapprochements qu'il a cru pouvoir établir.

Mais M. de Saporta ne s'est pas borné à ce travail descriptif; il a considéré ce sujet également à un point de vue qu'on peut appeler chronologique, en examinant les modifications successives éprouvées par l'ensemble de la végétation de la France méridionale, depuis l'époque crétacée jusqu'à nos jours, et les rapports de ces diverses sortes de végétations avec la distribution géographique actuelle des végétaux.

Ces études spéciales de M. de Saporta sur les végétaux de la période tertiaire sont au nombre de celles qui ont fait faire le plus de progrès à la paléontologie végétale, et on ne peut que désirer qu'il les poursuive et les étende.

Dans une notice très-intéressante, qu'il a présentée à la Société botanique en 1866[1], M. de Saporta a résumé les principes qui l'ont dirigé, et indiqué le degré de certitude qu'on peut, suivant lui, attribuer aux déterminations et aux analogies, dans l'étude des végétaux fossiles. Nous ne pouvons que nous associer à ses idées à ce sujet, et nous emprunterons à cette notice quelques-uns de ses principaux passages :

« On a souvent contesté, dit M. de Saporta, la valeur des résultats obtenus par l'étude des plantes fossiles; une certaine suspicion plane sur les rapprochements proposés dans cette partie de la botanique, comme si le caprice, aidé d'une vague ressemblance, était le seul guide qui dirigeât les observations. Je ne nie pas que ces défauts ne soient inhérents à la marche que la rareté des matériaux et l'impossibilité de les soumettre à l'analyse imposent bien des fois; mais il ne s'ensuit pas que l'ensemble des travaux qui

[1] *Remarques sur les genres de végétaux actuels dont l'existence a été constatée à l'état fossile, leur ancienneté relative, leur distribution, leur marche et leur développement successifs*, par M. le comte Gaston DE SAPORTA. (*Bulletin de la Société botanique de France*, tome XIII, p. 189.)

font l'objet de la paléontologie végétale en soit nécessairement atteint et frappé de discrédit; s'il est en elle des côtés obscurs, quelle est la science qui n'en renferme pas? Et il serait injuste, si l'on remarque des obscurités, de ne pas insister également sur la précision, la certitude même, au moins sur la probabilité d'une foule de faits qui jettent le jour le plus précieux sur l'état de la végétation dans les périodes antérieures à la nôtre.

«La vérité est qu'il existe bien des degrés dans la manière de déterminer les plantes anciennes, depuis les attributions les plus vagues jusqu'à celles qui reposent sur des fondements aussi sérieux que s'il s'agissait d'une plante vivante. Je ne dirai rien des genres de plantes, si curieux par eux-mêmes, qui n'ont avec ceux de notre âge que des analogies plus ou moins éloignées. Dans la foule même des plantes fossiles qu'il est possible d'assimiler à celles que nous avons sous les yeux, je négligerai les formes pour lesquelles l'attribution proposée conserve quelque chose d'incomplet et de provisoire, soit par la faute de l'observateur, soit aussi parce que les organes décrits n'ont rien d'assez nettement caractérisé pour entraîner la conviction. Pour mieux faire ressortir l'importance des études de botanique fossile, je vais rechercher les seules déterminations qui ont eu pour résultat de prouver d'une manière certaine, ou du moins très-probable, l'existence, dans les âges antérieurs au nôtre, des genres que nous possédons encore, et qui, par conséquent, s'étant manifestés bien avant l'homme, ont persisté jusqu'à lui.

«Cette étude, ainsi restreinte, est très-intéressante, en ce qu'elle rattache étroitement la végétation des temps passés à celle de notre époque; mais on ne saurait l'aborder sans se rendre compte tout d'abord de la valeur des éléments dont elle dispose, sans examiner par quelle voie on constate la réalité de l'existence des anciens types et leur identité avec les nôtres. Pour atteindre ce but, la description exacte et minutieuse des espèces fossiles serait insuffisante, si l'on n'y joignait une attribution générique, justifiée par la similitude des caractères. Lorsque cette attribution se trouve fondée sur l'observation des fruits et des feuilles, et que ces organes sont revêtus d'ailleurs d'une forme assez saillante pour exclure toute incertitude, la plante fossile est aussi légitimement déterminée que le serait une plante vivante en pareil cas. Un œil exercé est cependant indispensable parfois pour reconnaître la structure véritable des organes, ordinairement comprimés, rarement entiers à l'état fossile, et pour ne pas se laisser abuser par des ressemblances superficielles. On verra plus loin que, malgré leur rareté comparative, ces sortes d'attributions sont plus fréquentes qu'on ne l'a cru jusqu'ici. On peut leur réserver exclusivement le nom de *détermination.* On serait pourtant dans l'erreur si l'on considérait comme incertaines toutes les espèces dont l'attribution ne repose pas sur les organes réunis de la végétation et de la reproduction; on conçoit d'abord que ces derniers doivent suffire en l'absence des autres, à cause de leur importance, et, en second lieu, on doit admettre également qu'il est des cas où les organes de la végétation suffiront pleinement, comme dans la plupart des Conifères, beaucoup de Fougères, les Palmiers et bien d'autres groupes. Ici, la forme des feuilles, l'aspect des tiges ou le mode de ramification sont assez caractéristiques pour permettre l'attribution avec pleine probabilité, et cette attribution, comme les précédentes, est une vraie détermination.

« Il est d'autres cas où, sans arriver jusqu'à la certitude, l'attribution que l'on fait des espèces fossiles à un genre déterminé offre encore un degré suffisant de probabilité ; c'est lorsque, ne possédant que des feuilles, ces feuilles présentent une forme ou une structure assez reconnaissable pour enlever les doutes raisonnables. Ainsi les empreintes de feuilles laissées par les *Smilax*, *Ulmus*, *Celtis*, *Populus*, *Acer*, etc. ont par elles-mêmes des caractères assez distincts pour ne pas être confondues avec celles d'aucun autre groupe. Lorsque, d'ailleurs, elles se rapprochent individuellement de quelqu'une des espèces actuelles de ces genres; lorsque ces genres mêmes sont restés européens ou se trouvent représentés, soit en Amérique, soit dans le voisinage de notre continent, c'est encore une probabilité qui vient s'ajouter aux autres pour conseiller d'admettre la légitimité de ces sortes d'attributions. J'applique à ce second mode le terme d'*assimilation*, comme offrant un degré de certitude moindre que le premier.

« Enfin, lorsqu'on a devant les yeux de simples feuilles qui ne sont pas revêtues de caractères différentiels assez saillants pour reporter immédiatement l'esprit vers un groupe déterminé, il faut bien se résoudre, avant de classer ces feuilles parmi les incertaines, à chercher si on peut les réunir, avec quelque chance de succès, à quelqu'un des groupes du monde actuel. C'est alors une recherche comparative longue, pénible, hérissée de difficultés, souvent d'erreurs, mais qu'on ne doit pas condamner, puisqu'elle repose sur l'étude d'un des éléments importants de la végétation, sur celle de la nervation. Je donnerai aux attributions qui résultent de cette recherche le nom de *rapprochements*, nom qui leur convient, parce qu'il n'affirme et ne préjuge rien.

« Parmi ces rapprochements, il en est un certain nombre dont je veux encore tenir compte dans l'énumération que je vais faire; mais c'est seulement lorsqu'ils ont trait à quelque groupe dont l'existence à l'état fossile est difficile à révoquer en doute, comme les *Quercus* et les *Ficus*, et à la condition que les caractères de forme, et surtout ceux qui sont tirés du réseau veineux, concordent parfaitement. »

A la suite de cette introduction, qui indique bien le degré de certitude que peut offrir la comparaison des végétaux fossiles et des végétaux vivants, M. de Saporta énumère les genres dont la détermination lui paraît certaine et qui sont ainsi les représentants, au point de vue générique, de notre végétation actuelle dans les temps anciens. Une autre liste indique, dans l'ordre géologique ou chronologique, la première apparition de ces genres. M. de Saporta en expose les résultats généraux dans des considérations très-intéressantes; mais ces conséquences présentent cependant encore bien des points obscurs et sujets à des modifications fréquentes, par suite de nouvelles découvertes qui surgissent à chaque instant dans un champ si peu exploré jusqu'à ce jour, et par suite aussi des doutes qui environnent encore beaucoup des objets déjà recueillis.

L'ordre de succession des plantes phanérogames, aux diverses époques de la grande période tertiaire, ne peut pas encore être tracé avec assez de certitude pour que nous insistions sur cette partie du travail de M. de Saporta. Un nouveau gisement de ces fossiles végétaux formé dans des conditions locales particulières, tel que celui de Sezanne, par exemple, peut apporter des modifications importantes aux résultats généraux admis précédemment; des échantillons plus complets, mieux conservés, peuvent faire transférer une espèce d'une famille dans une autre. Il y a donc lieu d'être encore très-réservé dans les conséquences qu'on peut tirer de l'étude de ces fossiles. La science a fait, dans cette direction, d'immenses progrès depuis vingt ans; mais il lui en reste encore beaucoup à faire pour qu'on puisse tirer de l'ensemble des faits des conséquences précises et certaines, qui permettent d'établir une chronologie positive et incontestable des changements de la végétation pendant la période tertiaire.

Dans l'état actuel de la science, on peut cependant tirer, des travaux de M. de Saporta pour la France, aussi bien que de ceux des paléontologistes étrangers, ces conclusions générales : 1° que les plantes des premiers temps des dépôts tertiaires se rapportent en plus forte proportion à des végétaux étrangers à l'Europe, et se rapprochent généralement des formes tropicales actuelles; 2° que les genres appartenant à la végétation actuelle des régions tempérées de l'hémisphère boréal, en Europe, en Asie ou en Amérique, se montrent surtout d'une manière prédominante à dater de l'époque de l'éocène supérieur (gypse d'Aix) ou du miocène inférieur (Armissan et molasse suisse).

Quant aux époques antérieures à la formation crétacée, pendant laquelle apparaissent pour la première fois les Dicotylédones angiospermes, les conditions physiques du globe ne nous paraissent pas suffire pour expliquer la nature de la végétation de ces temps anciens, alors limitée à un si petit nombre des groupes du règne végétal et à ceux que l'on considère comme les moins parfaits. On ne comprend pas de conditions physiques qui eussent pu s'opposer à l'existence de représentants des grandes familles, telles que les Légumineuses, les Composées, les Graminées, les Cypéracées, qui se montrent actuellement, aussi bien que les Fougères ou les Conifères, sous tous les climats et dans toutes les régions du globe; et on est obligé d'admettre que cette succession des formes végétales, des Cryptogames et des Gymnospermes aux Angiospermes, dépend d'une autre cause que l'influence des modifications des agents physiques tels qu'ils se présentent actuellement à la surface de la terre.

Dans l'étude des flores de l'époque tertiaire, on a été généralement porté à admettre des différences entre les végétaux fossiles et les espèces vivantes; il est rare qu'on reconnaisse une identité absolue, et peut-être même a-t-on été conduit, dans plusieurs cas, à donner trop d'importance à de légères différences et à admettre comme des espèces distinctes, actuellement détruites, de simples variétés des espèces vivantes; on doit cependant reconnaître que la plupart des espèces fossiles de la période tertiaire sont réellement différentes de celles qui vivent encore maintenant dans nos contrées.

Mais il est une époque plus récente où nos espèces actuelles ont commencé à exister avec tous les caractères qu'elles présentent, et il est intéressant de rechercher si ces espèces habitaient, dès l'origine, les contrées où on les trouve maintenant, ou si des changements se sont opérés dans la répartition des végétaux dans ces temps relativement récents.

L'examen des débris de végétaux renfermés dans certains tufs ou concrétions modernes peut conduire à ce résultat. Ceux des environs de Montpellier ont été étudiés à ce point de vue par M. G. Planchon[1], et ceux de la Provence par M. le comte de Saporta[2]. Ces tufs se rattachent à l'époque quaternaire par les animaux fossiles qu'ils renferment, et sont situés dans des positions qui les soustraient à l'action des eaux incrustantes actuelles; ils remontent donc à une époque très-reculée et anté-historique. L'intérêt de leur étude consistait à déterminer si les empreintes des végétaux que ces tufs renferment se rapportent à des espèces vivant encore dans les mêmes lieux ou à des espèces qui auraient disparu de ces lieux depuis l'époque de la formation de ces tufs; si, d'un autre côté, certains végétaux, qu'on pouvait supposer introduits par l'homme, s'y trouvaient renfermés.

Sous ces divers rapports, les deux savants botanistes dont je signale les travaux ont constaté les résultats suivants : 1° à une seule exception près, toutes les plantes dont les empreintes sont renfermées dans ces tufs vivent encore dans le midi de la France; 2° l'espèce que M. de Saporta signale comme étrangère actuellement à l'Europe méridionale est le *Laurus Canariensis,* qui maintenant est propre aux îles Canaries; 3° plusieurs espèces, quoique croissant encore dans le midi de la France, ne se trouvent plus dans les localités qui environnent ces tufs; 4° quelques espèces que l'on considère souvent comme introduites par l'homme sont représentées dans ces tufs; telles sont : la Vigne, le Figuier et le Noyer, ce dernier avec quelque doute peut-être; 5° l'absence des feuilles de l'Olivier indique bien son introduction postérieure.

Il y a dans ces études un lien entre la géologie et l'histoire de la race humaine, qui donne à ces recherches un grand intérêt et qui doit engager à les étendre, mais à la condition qu'elles s'appliqueront toujours à des tufs anciens qui ne continuent plus à se former de nos jours.

[1] *Étude des tufs de Montpellier au point de vue géologique et paléontologique.* (Thèse pour le doctorat ès sciences.) Montpellier, 1864.

[2] *La flore des tufs quaternaires en Provence.* (Extrait des Comptes rendus de la 33e session des congrès scientifiques de France.) Aix, 1867.

On voit que, si l'étude des végétaux fossiles des terrains les plus anciens offre un grand intérêt par les formes, complétement étrangères à celles du monde actuel, qu'ils renferment et par le rôle important qu'ils ont joué dans la formation des combustibles minéraux, celle des végétaux des dernières époques géologiques nous présente un autre genre d'intérêt, en nous montrant, pour ainsi dire, l'origine de nos flores contemporaines et nous faisant assister à la naissance et au développement de la végétation actuelle.

FIN.

TABLE DES MATIÈRES.

www.ingramcontent.com/pod-product-compliance
Ingram Content Group UK Ltd.
Pitfield, Milton Keynes, MK11 3LW, UK
UKHW020212250726
13967UKWH00003B/1427